T0267674

VERÓNICA DE ANDRÉS / FLORENCIA ANDRÉS

¡MESSIRVE!

10 VALORES DE ORO PARA LOS CHICOS

Primera impresión en Colombia: junio, 2024

Diseño de interior: Ana Belén Agüero
Ilustraciones: Agostina Carbonazzo

© 2023, Verónica de Andrés y Florencia Andrés

© 2023, Penguin Random House Grupo Editorial, S.A.
Humberto I 555, Buenos Aires
penguinlibros.com
© 2024, Penguin Random House Grupo Editorial, S. A. S.
Carrera 7ª No. 75-51. Piso 7, Bogotá, D. C., Colombia
PBX: (57-1) 743-0700

Impreso en Colombia-*Printed in Colombia*

ISBN: 978-628-7634-45-9

Impreso por Editorial Nomos, S.A.

A mis cuatro nietos, Dante, Olivia, Juani y Joaquina,
a quienes adoro con el alma, por ser la motivación
más fuerte para escribir este libro.

VERO

A todos los padres que siempre queremos lo
mejor para nuestros hijos, y a veces nos faltan
las palabras. A Messi por ser un ejemplo tan
inspirador para mis hijos —Dante y Olivia—
y para todos los chicos del mundo.

FLOR

ÍNDICE

ME PREOCUPA MÁS SER BUENA PERSONA QUE SER EL MEJOR JUGADOR DEL MUNDO

MESSI

INTRODUCCIÓN

¿Qué pasaría si Messi se sentara con tus hijos a enseñarles los 10 valores más importantes para tener éxito, ser feliz y ser buena persona? ¿Piensas que tus hijos lo escucharían?

Este libro es eso.

UNA CHARLA IMAGINARIA ENTRE EL CRACK Y TUS HIJOS, SOBRE LOS PILARES ESENCIALES PARA LA VIDA.

Nuestro rol más importante es preparar a nuestros hijos para tener éxito en la vida y transmitirles los valores que los harán mejores personas. Pero a veces nos faltan las palabras, los recursos, la mejor manera de "llegarles".

Este libro fue escrito para hablarles a nuestros hijos en su idioma, haciendo referencia a alguien que ellos ya admiran, despertándoles el interés en las actitudes que queremos transmitir, de una manera que hará que ellos no solo se abran a escuchar, sino que de verdad quieran imitar.

"Lo que le digo le entra por un oído y le sale por el otro." ¿Alguna vez te sentiste así? Bueno, seamos sinceros: los sermones sobre ser disciplinados y responsables son aburridos. Y los chicos de hoy, más que nunca, le huyen al aburrimiento como a la tarea del colegio.

¿Y si hacer la tarea tuviese un significado mucho más motivador? ¿Y si tratar con respeto a otros fuese ser, un poco, como Messi? ¿Qué pasaría si fuese el propio Messi el que se sentara con tus hijos a transmitirles los valores de la disciplina, el respeto, la automotivación y la importancia de creer en sí mismos?

Leo Messi es una leyenda. Y no es sólo por lo bien que juega al fútbol, sino por quien es afuera de la cancha. Por eso, además de admirarlo, el mundo entero lo quiere. ¡Y todos los chicos quieren llevar su camiseta!

 Una persona que habla poco pero su ejemplo dice mucho.

 Un chico que supo enfrentar mil dificultades y nunca dejó de creer en su sueño.

 Un jugador de fútbol a quien desde los 16 años lo trataban como a un héroe.

 Un jugador al que muchísimas veces criticaron, pero nunca se dio por vencido.

En este libro hemos recopilado algunos fragmentos de su vida que lo pintan de cuerpo entero. Hemos extraído diez valores que nos parecen fundamentales para vivir bien y ser capaces de crear un futuro mejor.

10 VALORES

PARA QUE NUESTROS HIJOS

SEAN MÁS FUERTES Y TAMBIÉN MÁS HUMANOS.

Cada lección (o capítulo) contiene historias, reflexiones y herramientas que los chicos podrán recordar y tener a mano a lo largo de la vida. Pero, para que los chicos las usen, ¡primero tendrán que ver que nosotros —los adultos— también las ponemos en práctica! Por eso este libro está pensando para que sea un espacio de interacción entre padres e hijos. Es un libro para que aprendan los chicos y también los grandes: la mejor manera es aprender de alguien a quien admiramos. En este libro van a descubrir todo lo que hizo Messi para llegar a donde está hoy. Y sí, sus valores van mucho más allá del fútbol. Son valores para la vida.

¡Tal vez todos queremos de alguna manera ser un poco como él!

Ahora sí. A prepararse porque empieza un torneo apasionante: cuando des vuelta esta página, imagínate que Leo Messi se pone la 10 y entra a tu casa a jugar en equipo con ustedes —mamá y papá— 10 partidos inolvidables. Y con el crack de nuestro lado, ¡este torneo lo ganamos por goleada!

10 PARTIDOS PARA GANAR EL TORNEO DE LA VIDA

En cada "partido" hay un valor, inspirado en el ejemplo de Messi, que va a ayudar —a los chicos y a los grandes— a vivir mejor. Un valor que sirve para solucionar problemas o dificultades que los chicos pueden tener todos los días. En cada partido también encontrarán un espacio para pensar juntos padres e hijos.

Luego, verán una invitación a la acción a través de herramientas pensadas para poner la práctica ese valor. Y, por último, encontrarán una guía breve de 10 consejos muy prácticos para que los padres ayuden a fomentar dicho valor. Aunque les lleve un tiempo internalizar las enseñanzas de este libro, a medida que practiquen estos valores verán cuánto más fácil y divertida les resultará la vida.

¡Empecemos!

PRIMER PARTIDO

PERSEVERANCIA

¿QUÉ LE DIRÍAS A MESSI DE 16 AÑOS?

QUE NUNCA RENUNCIE A SUS SUEÑOS. PORQUE AL FINAL VA A TENER LA RECOMPENSA MÁS DESEADA.

MESSI

ENTREVISTA EN EL PROGRAMA RADIAL PERROS DE LA CALLE

Leo nació un 24 de junio de 1987 en Rosario, Santa Fe, Argentina. Su familia era de origen humilde, pocos recursos ¡pero grandes sueños y mucho fútbol! Y justamente fue su abuela Celia quien lo motivó para jugar.

Mi abuela les decía

y ellos le respondían

MÉTANLO

NO, NO, ES MUY CHICO.

MÉTANLO, LES VA A SALVAR EL PARTIDO

decía ella.

Contado por Messi en una entrevista con TyC Sports.

Con solo cinco años arrancó en el pequeño club donde jugaba su papá, el Abanderado Grandoli, donde desde el inicio mostró su gran capacidad. Por eso pronto empezó a jugar en otro club más importante: Newell's Old Boys, donde ganó la Copa de la Amistad. En ese club tan querido para él estuvo seis años, jugó 176 partidos y metió 234 goles, un score extraordinario para un chico de su edad. ¡Hasta aquí todo genial!

DEDICO UNA GRAN PARTE DE MIS GOLES
A MI ABUELA, QUE ESTÁ EN EL CIELO.
ELLA ME LLEVÓ AL FÚTBOL Y ELLA
ES LA RAZÓN POR LA QUE ESTOY
DONDE ESTOY HOY. YO TENÍA 4 AÑOS,
Y MI ABUELA ME LLEVÓ A UN PARTIDO
DEL EQUIPO INFANTIL DE GRANDOLI.
A DICHO EQUIPO LE FALTABA UN
JUGADOR, Y MI ABUELA INSISTIÓ
QUE ME PUSIERA A JUGAR HASTA QUE
CONSIGUIÓ CONVENCER A SALVADOR
APARICIO, ENTRENADOR DE GRANDOLI,
PARA QUE YO ENTRARA A JUGAR.
CAMBIARON UN PAR DE PALABRAS Y ME
PUSO. HICE DOS GOLES ESE PARTIDO.

Pero a los ocho años le diagnosticaron un gran problema físico: una deficiencia en la hormona de crecimiento que le impedía un desarrollo normal. El tratamiento era caro, los padres no podían pagarlo, y los clubes tampoco... A pesar de su enorme habilidad para patear la pelota, le negaron la posibilidad de ingresar a las divisiones inferiores del famoso Club Atlético River Plate de Argentina. Esto parecía el fin de su carrera, la falta de esa hormona no solo le impedía seguir creciendo, le impedía seguir jugando.

Pero no fue así. Se ve que su sueño era más fuerte que su impedimento físico. Esto animó a su papá, Jorge Messi, a conseguir ayuda de unos familiares y lograron ir a España en busca de una solución. Allí Lionel Messi fue descubierto por el Fútbol Club Barcelona, que se hizo cargo de un tratamiento muy caro. Con solo trece años deslumbró a todos y el DT no dudó en hacerlo firmar un "contrato" simbólico en una servilleta. El resto de la historia es un camino marcado por una destreza que creció sin límites y por éxitos increíbles.

> ¿Cómo mantuvo su sueño vivo a pesar de todos los problemas que tuvo en sus inicios?
> ¿Cuál fue su secreto?

No darse por vencido, seguir soñando a pesar de todo, moviéndose en dirección a sus sueños. ¿Recuerdan la peli *Buscando a Nemo*? El consejo que le dio Dory al papá de Nemo: "¿Qué hacemos cuando la vida nos tira para abajo?

Sigue andando, sigue nadando, sigue nadando". Es otra manera de decir:

PERSEVERA
PORQUE SOLO EL QUE PERSEVERA PODRÁ ALCANZAR SUS SUEÑOS.

Y Leo siguió soñando. A los 16 años, cuando le entregaron uno de sus primeros premios importantes, le preguntaron: "¿Alguna vez te imaginaste esto?". Y él respondió: "Este momento lo soñé mil veces".

Fue la primera, pero no la última vez que lo dijo. ¿Sabes cuándo fue la última? Adivina...

El 18 de diciembre 2022 luego de una larga espera de 36 años, la edad de Messi, en la final más apasionante de la historia, cuando Argentina se consagró Campeón del Mundo. En su cuenta de Instagram, ese día Leo escribió:

> TANTAS VECES LO SOÑÉ, TANTO LO DESEABA QUE NO ME LO PUEDO CREER...

ANOCHE SOÑÉ CON MESSI

ANÁLISIS POST PARTIDO. ¡PENSEMOS JUNTOS!

¿Cómo te sientes cuando las cosas no salen como esperabas? ¿Y cuando te equivocas?

¡Es normal enojarse o frustrarse, nos pasa a todos!

¿Alguna vez sentiste esa emoción?

A Leo también le pasó. Imagínate la frustración que puede haber sentido cuando, por ejemplo, le dijeron que no iba a jugar en River Plate, uno de los clubes más importantes de la Argentina. Pero en lugar de decir "En River me dijeron que no, así que nunca voy a poder cumplir mi sueño", en lugar de eso, ¿qué hizo? ¡Perseveró!

¡APRENDAMOS A PERSEVERAR!

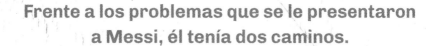

Frente a los problemas que se le presentaron
a Messi, él tenía dos caminos.

ABANDONAR

"No voy a poder jugar más"

"No puedo entrar en
un club importante"

"No soy suficientemente
bueno"

"Es imposible que logre
mi sueño"

PERSEVERAR

"Lo voy a lograr"

"La solución va a aparecer"

"Me voy a enfocar
en mi sueño"

"Haré todo lo que tenga que
hacer hasta lograrlo"

ABANDONAR
SU SUEÑO

ENFOCARSE
EN SU SUEÑO

¿Cuál camino tomó?

El de perseverar: seguir soñando, seguir andando, seguir "nadando" hacia su meta. Y fue por eso que su familia se enfocó en la solución.

Y cuando él llegó a Barcelona, estaba listo para vivir su sueño, "jugar al fútbol como el mejor". Cuando estamos haciendo cosas que implican algún esfuerzo, no todo nos va a resultar fácil. Puede ser desde realizar algunas tareas escolares o simplemente poner en orden el cuarto, o tareas que elegimos: practicar un deporte, hablar otro idioma, tocar un instrumento musical...

EL SECRETO DEL ÉXITO ES PERSEVERAR.

Pero muchas veces las cosas no nos salen rápido y bien, entonces nos cansamos, nos frustramos o nos enojamos y ¡abandonamos! ¿Qué hubiera pasado si Messi —frente a todos los obstáculos que le aparecieron— hubiera abandonado?

¿Qué podemos hacer para perseverar?
A partir de la lección que hoy nos da Messi...

PRESTAR MUCHA ATENCIÓN A LO QUE NOS DECIMOS Y ELEGIR PENSAR SOLO COSAS QUE NOS AYUDEN A PERSEVERAR.

¡MANOS A LA OBRA!

Vamos a armar afirmaciones,
a las que llamamos

 FRASES PODEROSAS

es decir, oraciones cortas y positivas, que al repetir en voz alta o en voz baja se van grabando en
tu cerebro y hacen que todo sea más fácil.

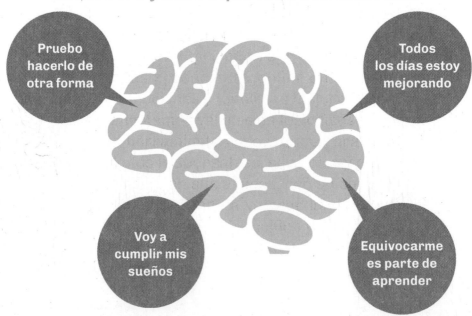

Pruebo hacerlo de otra forma

Todos los días estoy mejorando

Voy a cumplir mis sueños

Equivocarme es parte de aprender

Dejamos aquí una lista con ejemplos de frases poderosas. La idea es la siguiente:

- Que leas estas frases poderosas
- Marques las que más te gusten
- Luego las escribas con tu mejor letra, o con la compu
- Y las pongas en un lugar donde las puedas ver todos los días.

Puedes ir variando las frases poderosas hasta que hayas completado la tarea que quieres realizar. ¡También puedes escribir alguna propia!

DIEZ EJEMPLOS DE FRASES PODEROSAS:

Equivocarme es parte de aprender

Pruebo hacerlo de otra forma

Si me enojo, descanso y empiezo de nuevo

Puedo ponerme metas cortas

Todos los días estoy mejorando

Me enfoco en una cosa a la vez

Puedo ser paciente, puedo esperar

Sigo andando, "sigo nadando"

Cada paso que doy es importante

Voy a cumplir mis sueños

10 CONSEJOS DE ORO
PARA DESARROLLAR LA PERSEVERANCIA

1 Usen la lección de Messi para hablar con sus chicos acerca de los beneficios de perseverar.

2 Cuéntenles historias de perseverancia de ustedes mismos: es muy importante que los chicos vean que a nosotros, los padres, también hay cosas que nos cuestan, que nos resultan difíciles.

3 Anímenlos a ponerse objetivos cortos y alcanzables.

4 Valoren cada paso adelante que den los chicos.

5 Celebren sus éxitos, grandes o pequeños, pero eviten el "elogio fácil" (por ej.: eres un genio).

6 Ayúdenlos a enfocarse en una tarea a la vez.

7 No salten a ayudarlos demasiado rápido.

8 Ayúdenlos a entender que los errores son parte del proceso.

9 Construyan su autoestima a través de palabras de aprecio que valoren el esfuerzo.

10 Permítanles eventualmente abandonar una tarea, si realmente es algo que no los nutre.

¡UNA INVESTIGACIÓN INTERESANTE!

La perseverancia es clave para el desarrollo intelectual de los chicos, dice Carol Dweck, profesora de Standford, especialista en aprendizaje. Ella explica que cuando los chicos son apreciados por el "proceso" en el que están involucrados —no por su inteligencia— sino por el esfuerzo, las ganas, la perseverancia, desarrollan más su capacidad de aprendizaje. Es decir, los chicos están más motivados para aprender cuando se les explica que tanto su inteligencia como sus talentos pueden crecer y expandirse si perseveran.

Según la investigadora Dweck, valorar los esfuerzos ayuda a los chicos a desarrollar lo que se llama Mentalidad de Crecimiento (Growth Mindset), que es lo opuesto a la Mentalidad Fija (Fixed Mindset), donde creen que su inteligencia o talentos son características fijas que no pueden cambiar. En cambio, en la mentalidad de crecimiento, los chicos creen que tanto su inteligencia como sus talentos pueden desarrollarse a través de la perseverancia. En esta mentalidad, los chicos creen que todos pueden crecer.

DISCIPLINA

ME TOMÓ 17 AÑOS
Y 114 DÍAS
TRIUNFAR DE
UN DÍA PARA OTRO.

MESSI

2

Como vimos en la lección anterior, desde muy chico Leo se enfrentó a un enorme problema: ¡no crecía! Cuando cumplió los 11 años apenas medía 1,30 metros, que sería la altura normal de un chico de 8/9 años. Sus papás estaban muy preocupados y entonces le consultaron al doctor Diego Schwarzstein, que dijo "Leo, vas a tener que pincharte". También le dijo que no le iba a doler, pero que tendría que inyectarse una hormona de crecimiento ¡todos los días!

No debe haber sido fácil y, aunque no le dolieran los pinchazos, es probable que muchas veces le doliera tener que hacerlo frente a otros: sobre todo si le tocaba ir algún campamento, o si se quedaba a dormir en la casa de un amigo. Pero lo hacía, todas las noches y todos los días. Con la disciplina del que sabe lo que quiere lograr.

"QUIERO JUGAR AL FÚTBOL"
ERA SU FRASE PREFERIDA.

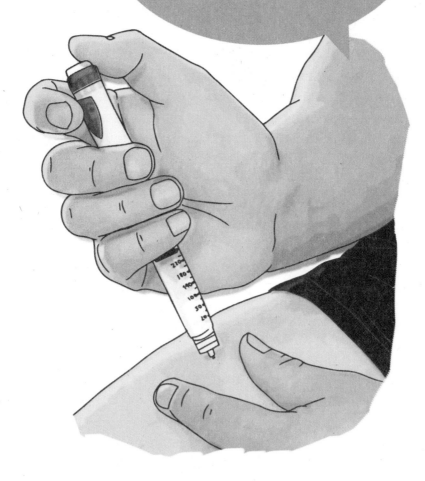

En otra entrevista en TyC Sports dijo: "No es fácil, pero siempre fui muy responsable. Era una cajita con una lapicera, que tenía que estar siempre en la heladera. Me iba a dormir a lo de un amigo y me lo llevaba, ellos ya sabían que me lo tenía que poner y me avisaban para que no me olvidara."

Al cabo de un año de estar en Europa casi se vuelven a la Argentina, porque su hermana María Sol no se adaptaba a la escuela donde se hablaba catalán. En ese momento, su papá le preguntó qué quería hacer y Leo dijo que quería quedarse a jugar en Barcelona. Su familia regresó a Rosario, él y su papá se quedaron en España. Para un chico muy "familiero", como se dice en Argentina, no debe haber sido fácil esa despedida: decir adiós a su mamá, a sus hermanos... Seguramente sintió mucha tristeza. Pero era parte de su disciplina quedarse en ese lugar, donde había ido a buscar una cura para seguir jugando.

"QUIERO JUGAR AL FÚTBOL" SE TRANSFORMÓ EN EL LEMA DE SU VIDA.

TENÉS QUE LUCHAR PARA ALCANZAR TU SUEÑO. TENÉS QUE SACRIFICARTE Y TRABAJAR DURO PARA LOGRARLO

dijo en una entrevista.

Se quedó y jugó muchísimas veces, primero en la academia la Masía, donde juegan las categorías inferiores en formación; luego se graduó del equipo Barça C al equipo Barça B. Hasta que un día jugó en la primera: el 24 de octubre de 2004, se jugó un partido muy importante, el derbi catalán (Espanyol vs Barcelona). Ese día un desconocido Leo Messi, un joven de apenas 17 años, se transformó en el jugador más joven del Barça. Ese día quedó marcado como el comienzo de su gran éxito.

Cuando le preguntaron cómo era eso de lograr el éxito de la noche a la mañana, respondió: "Comienzo temprano y me quedo tarde, día tras día, año tras año. Me llevó 17 años y 114 días ser un éxito de la noche a la mañana".

ESA ES LA FÓRMULA DE SU ÉXITO Y SE LLAMA

DISCIPLINA

ANOCHE SOÑÉ CON MESSI

ANÁLISIS POST PARTIDO. ¡PENSEMOS JUNTOS!

A veces creemos que tienen éxito los que tienen suerte. Y especialmente en las redes sociales, donde los youtubers sólo comparten las fotos de "las hazañas" y los logros, pero nadie nos cuenta del trabajo, del esfuerzo y de la disciplina que hay detrás de esos logros. Y tampoco nos dicen que nadie se transforma en estrella de la noche a la mañana. Más vale todo lo contrario, nos muestran los influencers, ¡que parece que se hacen millonarios en un abrir y cerrar de ojos!

Pensemos en un chico que a los 13 o 14 años está viviendo en otro país, en el que se habla una lengua diferente (catalán), alejado de su mamá y sus hermanos, en un club donde nadie lo conocía, queriendo ser un atleta, pero haciendo un tratamiento médico que todos los días le recordaba su problema físico...

¿De dónde sacó la fuerza para continuar, cuando tuvo que esperar 17 años y 114 días para ver su primer gran triunfo?

Pueden ser muchas cosas, pero sin duda hay un factor que lo ayudó muchísimo. Es una palabra que empieza con D y termina con A.

¿Adivinas cuál es?

D _ _ _ _ _ _ _ A

SÍ, SU DISCIPLINA.

¿QUÉ ES LA DISCIPLINA?

Es la "garra" y las ganas que ponemos para mejorar todos los días. Es la actitud que te permite intentar que mañana las cosas te salgan mejor que hoy, es decir que mañana seas mejor de lo que eres hoy.

TENGO MUCHOS AÑOS PARA MEJORAR CADA VEZ MÁS, Y ESA DEBE SER MI AMBICIÓN. EL DÍA QUE PIENSES QUE NO HAY MEJORAS POR LOGRAR, ES UN DÍA TRISTE PARA CUALQUIER JUGADOR.

¡MANOS A LA OBRA!

¿A qué chico le gusta hacer la tarea?
¡A casi ninguno! Sabemos que la mayoría
preferirían jugar a Roblox, mirar una peli, jugar
con amigos, o echarse en la cama a mirar el techo
antes de hacer la tarea. Pero organizar la tarea
escolar o familiar es una gran oportunidad para
que aprendan, desde pequeños,
a ser disciplinados.

Lo que les proponemos es armar un **organizador
de tareas y actividades semanales**. Puede ser una
simple lámina que te recuerde tus tareas diarias.
Es un apoyo visual —como un calendario— donde
puedes ver los días de la semana, y anotes las tareas
que debes completar. Para que te sea más fácil puedes
poner símbolos o dibujos de lo que tienes que hacer;
por ejemplo, el día que te toca hacer deporte puedes
ilustrarlo con un dibujo que así lo represente, como
una pelota de fútbol, un par de zapatillas de baile,
la raqueta de tenis, etc.

➡️ Decide dónde vas a poner este organizador (te ofrecemos dos para que elijas el que más te guste). Tiene que ser un lugar apropiado, puede ser tu cuarto o la habitación donde estudies.

➡️ También puedes fijar en un corcho esos exámenes o trabajos en los que te haya ido muy bien, con felicitaciones de tu maestra —para recordarte lo bien que se siente cuando te esfuerzas en una tarea—.

Mi cuarto	D	L	M	M	J	V	S
• Guardé mis cosas							
• Puse la ropa sucia correspondiente							
• Hice mi cama							
•							
•							

La escuela	D	L	M	M	J	V	S
• Estuve preparado a tiempo para salir							
• Tengo todos los materiales para hoy							
• Hice mi tarea							
•							

Mi familia	D	L	M	M	J	V	S
• Ayudé a poner/levantar la mesa							
• Levanté las cosas mías que estaban en el suelo							
• Ayudé a un miembro de mi familia							
•							

Yo mismo	D	L	M	M	J	V	S
• Me lavé los dientes							
• Me peiné							
• Me bañé							
•							
•							

LUNES

MARTES

MIÉRCOLES

JUEVES

VIERNES

SÁBADO/DOMINGO

10 CONSEJOS DE ORO
PARA FOMENTAR LA DISCIPLINA

Disciplinar no es controlar ni castigar. ¡Disciplinar es enseñar! ¿Qué podemos hacer para fomentar la disciplina? Aquí algunas sugerencias:

1 Ser modelos de lo que queremos enseñarles. Que nos vean a nosotros disciplinados en lo que nos proponemos realizar. Si decimos que vamos a ir al gimnasio, que vean que lo cumplimos, aunque nos cueste. Si quiero que sean disciplinados, ¡primero debo disciplinarme yo!

2 Poner límites claros, que son como las paredes de una casa, brindan seguridad. Además, los límites —las reglas— ayudan a regularizar las conductas. Es importante que esas reglas sean explicadas y, en la medida de lo posible, consensuadas, es decir que el chico comprenda y acepte el valor de la regla, que entienda qué cosa valiosa protege la regla.

3 Establecer consecuencias si las reglas se rompen: si queremos trabajar la disciplina en ayudar en casa, por ejemplo recogiendo sus juguetes, la consecuencia consensuada podría ser que no podrán usar esos juegos por un período determinado si se rompe la regla. Y ser firmes con esto, por eso pensar muy bien cuál será la consecuencia; tiene que ser algo razonable, sostenible y bueno para el chico.

4 Usar la estrategia *time out* —tiempo a solas— cuando se desata una "guerra" al aplicar una consecuencia (aunque si ha sido consensuada suele ser más leve). Por ejemplo, lo "pescas" más tiempo del acordado usando el móvil/celular y aplicas la consecuencia consensuada —un día sin pantallas, por ejemplo—, no le va a gustar y puede armar una escena. *Time out* les da un respiro a los padres y los hijos; más tarde pueden retomar el tema y hablar sobre por qué es importante observar esa regla que se rompió.

5 Para fomentar la disciplina sigue esta regla: "Nunca hagas por tu hijo algo que él pueda hacer por sí mismo". Eso los hará crecer en autonomía y disciplina.

6 Prestarles atención: estar dispuestos y atentos a "pescarlos haciendo algo bien". ¡Mucha atención y valoración de sus esfuerzos!

7 Fomentar hábitos saludables en las comidas, en actividades físicas, tiempo de pantallas, establecer horarios y rutinas para la mejor organización de las actividades. Y explicarles el beneficio de ello.

8 Ayudarlos a pensar por sí mismos, a tomar decisiones. Hablarles de las opciones que tienen ante cualquier situación que les demande un esfuerzo. Por ejemplo, frente a una tarea escolar, pensar cuál sería una buena o una mala decisión. Que ellos mismos puedan pensar en la consecuencia de tomar un camino u otro ayuda muchísimo a la disciplina.

9 Disciplina sí, ¡amenazas no! Las amenazas suelen tener la intención de intimidar y amedrentar a los chicos. Si bien a la corta pueden funcionar, a la larga no resultan positivas; además, corremos el riesgo de perder credibilidad, porque muchas no podemos cumplirlas (por ejemplo, "nunca más te voy a dar el celular").

10 Evitar usar el sistema "premios y castigos". Es tentador porque a corto plazo puede surtir efecto, pero no sirve para desarrollar la disciplina de conductas nuevas. Aunque felicitar a los chicos está muy bien, ofrecer un premio para que se "porten bien" es subestimar su capacidad. ¡Premios y castigos es el sistema de aprendizaje que se usa con los animales que no pueden razonar!

¿SABÍAS QUÉ?

Cuando le preguntaron a Barack Obama —primer presidente de color de los Estados Unidos— quién había sido la persona más influyente en su vida, respondió:

MI MADRE, SIN DUDAS

En su cuenta oficial de Twitter escribió: "Seamos sinceros, un hombre de color, nacido en Hawái, criado solo por su madre, no tenía muchas posibilidades de convertirse en el presidente de los Estados Unidos".

¿Cómo lo logró? ¡Quizá la clave esté en que su madre vio en él un gran potencial, como la abuela de Messi! Y decidió educarlo desde pequeño en los dos valores que consideraba fundamentales: la disciplina y la perseverancia. Todas las mañanas antes del amanecer, lo despertaba para enseñarle lecciones de inglés que le llegaban por carta, ya que vivían en Indonesia, un lugar donde no se hablaba inglés. Su mamá sabía que la disciplina de levantarse todos los días tan temprano era un valor que quería tallar en el alma de su hijo.

LOS VALORES QUE ELLA ME ENSEÑÓ CONTINÚAN SIENDO LA BASE SOBRE LA CUAL SOSTENGO MUCHAS DE MIS DECISIONES.

CONFIANZA EN UNO MISMO

YO QUIERO GANAR ALGO CON LA SELECCIÓN. LO VOY A SEGUIR INTENTANDO. QUIERO VOLVER Y QUIERO ESTAR. VOY A JUGAR TODAS LAS COSAS IMPORTANTES.

MESSI

El jugador que ganó 7 veces el Balón de Oro.

El que ayudó al Barcelona a ganar 4 ligas de campeones y a conquistar 10 títulos españoles.

El que impulsó a la Argentina a lograr la Copa América 2021 ¡nada menos que en Brasil! La pieza fundamental para volver alcanzar la gloria máxima para la Argentina después de 36 años de espera: la Copa Mundial 2022.

Con solo mencionar estos hechos podemos afirmar que se trata de una persona con una gran confianza en sí misma.

Pero en este capítulo no vamos a hablar tanto de los títulos que logró ni de su enorme talento. Vamos a hablar de las veces que lo criticaron, que le hicieron bullying, que se rieron de él... Y vamos a hablar de esa fuerza interior que le permitió ser más fuerte que cualquier burla. Esa fuerza tremenda que vemos en Leo que dice

"CREO EN MÍ"

Y QUE NOSOTRAS LLAMAMOS "CONFIANZA TOTAL".

"Siempre que lo criticaron, Messi me enseñó que con el 'laburo' se iba a lograr todo. Siempre me demostró cuál era el camino", reveló Daddy D'Andrea, fisioterapeuta de la selección en una entrevista con DSports Radio.

Llegaron a decirle que "no le interesa nada su país", "que solo quiere jugar bien para el Barça", "que solo le interesa la plata" y muchas otras cosas más... porque el triunfo con la selección parecía que no iba a llegar. O tardaba demasiado para un público ansioso, con hambre de goles y de títulos.

Hasta su hijo de 6 años un día le preguntó: "¿Por qué te matan en la Argentina, papi? ¿Por qué vas a jugar con Argentina?" ¡Seguramente las críticas constantes y las burlas le deben haber dolido!

Imagínate, ser uno de los mejores jugadores del mundo, que en otras partes te llamen GOAT (*Greatest Of All Times*, *el más grande de todos los tiempos*) y que en tu país te digan "pecho frío", una manera irónica de señalar que no le ponía

garra ni corazón, ni siquiera un poco de interés, cuando jugaba con su selección. Justo a él, que desde chiquito cada vez que le preguntaban "¿Cuál es tu sueño?" decía "Jugar con la selección".

¿Cómo siguió adelante?
¿Se puso tapones para no escuchar las críticas?

No sabemos, pero suponemos que le dio mucha más importancia a lo que quería lograr que a las críticas que recibía. Por eso volvió con la confianza total que tienen los que creen que todo es posible, a pesar de cualquier pronóstico o estadística. Los que ponen los ojos en la meta y no ven los obstáculos, sino los pasos necesarios para llegar a la meta. Durante el Mundial 2022 tuvo que remontar pruebas durísimas, como perder el partido inicial —nada menos que en el debut— contra Arabia Saudita, un equipo menor del que no se esperaba nada. De nuevo tuvo que escuchar palabras llenas de rabia o decepción. Y muchas cargadas...

Por supuesto que le dolió perder. Qatar era su última oportunidad de ganar un mundial con la selección. Los diarios decían que el triunfo de los árabes había convertido en una pesadilla el debut de Messi en lo que sería su última copa del Mundo. Le dolió por su gente, por su país, por su sueño y sobre todo por su familia. Él mismo contó que su hijo Mateo se fue llorando y haciendo cuentas.

Pero después de ese partido, ¿qué hizo? Le pidió a la gente que "confíen, no los vamos a dejar tirados". Un pedido nada fácil de hacer después de la derrota. Sólo alguien con mucha confianza en sí mismo podría haber dicho esas palabras.

¿Cómo terminó esta historia?

En una final épica contra Francia logró lo que tanto soñaba: ganar la copa del mundo con su selección. El mundo se puso de pie, millones de personas invadieron las calles de su país para ovacionarlo.

Y desde ese día, todos los chicos, en diferentes lugares del mundo, quieren tener la camiseta de Messi. ¡Nosotras queremos que, además de la camiseta, tengan los valores de Messi!

DESDE ESE DÍA CAMBIÓ TODO PARA MÍ. ES ALGO IMPRESIONANTE. SE DIO LO QUE TANTO SOÑÁBAMOS, ESO QUE TANTO DESEÉ DURANTE MI CARRERA... LLEGÓ CASI AL FINAL.

ANOCHE SOÑÉ CON MESSI

ANÁLISIS POST PARTIDO. ¡PENSEMOS JUNTOS!

¿Para qué nos puede servir conocer esta parte de la vida de Leo?

Para muchas cosas, como nunca darse por vencido, seguir trabajando duro hasta lograr lo que queremos y, sobre todo, para saber qué hacer cuando otros nos critican.

No podemos evitar lo que otras personas, otros chicos, piensen de nosotros. No podemos controlar que les guste o no lo que hacemos, no podemos gustarles a todos. Y no podemos cambiar lo que otros opinen de nosotros.

Entonces, ¿qué podemos hacer?

 LO QUE HACE MESSI:

NO PRESTAR TANTA ATENCIÓN A LAS CRÍTICAS, SINO A TU PROPIA OPINIÓN.

Y si las críticas de alguien te molestan mucho, imagínate que delante de ti hay un escudo. En ese escudo están escritas estas palabras:

MÁS ALLÁ DE LO QUE PIENSES DE MÍ O ME DIGAS, YO SOY UNA PERSONA VALIOSA.

¡MANOS A LA OBRA!

Para que la opinión de otros no nos afecte tanto, lo que tenemos que hacer es trabajar en nuestra propia confianza. Dicen que la confianza en uno mismo es el primer secreto del éxito. Por eso hoy te vamos a proponer una actividad que nunca falla: ¡que armes tu primer rincón de éxitos!

En una pared de tu habitación, con la ayuda de papá y mamá puedes instalar un corcho o un papel afiche o una lámina grande. La idea es que ahí pongas imágenes, fotos, cartas, medallas, trabajos o cosas similares, que representen tus logros.

Puedes empezar tu rincón con dos fotos:

1

Una foto rodeado de tu familia, o de tus amigos.

2

Una foto donde te veas haciendo algo que te dé orgullo: practicando un deporte o tocando un instrumento musical, un trabajo con una felicitación o algo parecido.

Lo importante es que cuando mires esta pared recuerdes dos cosas: ¡que eres muy querido y que eres capaz de hacer las cosas muy bien! ¡Por supuesto que este rincón de logros es una gran oportunidad para que tus padres también participen!

Estamos seguras de que Messi pondría esta foto en su rincón de logros.

EN TU RINCÓN DE ÉXITOS,
¿QUÉ FOTOS PONDRÍAS?

10 CONSEJOS DE ORO
PARA FOMENTAR LA CONFIANZA EN UNO MISMO

La mejor manera de criar hijos fuertes es ayudándolos a creer en sí mismos. Esta es una de las tareas más importantes de los padres. Ustedes son el espejo donde los chicos van a mirarse. La imagen que proyecte ese espejo tendrá un peso importante en la confianza del chico en sí mismo... ¡el resto de su vida!

1 Construyan un rincón de logros en forma conjunta con sus hijos.

2 Enfóquense en los talentos de sus hijos en lugar de las debilidades.

3 Háganles saber cuáles son las fortalezas que ven en ellos: ¡anímenlos a usarlas, hablen de eso!

4 Dénles mensajes positivos cada vez que los vean hacer un esfuerzo.

5 Eviten las críticas que contengan sarcasmo e ironías: ¡son ácido que corroe los cimientos!

6 Eviten a toda costa las comparaciones. ¡Cada chico es único!

7 Eviten las etiquetas, que sólo sirven para hacerlos sentir que no pueden cambiar.

8 Escuchen a sus hijos con empatía, especialmente en casos de *bullying*: dialoguen con ellos y, si es necesario, cambien de escuela.

9 Anímenlos a adquirir nuevas responsabilidades (por ejemplo, cuidar de una mascota).

10 ¡Díganles que su amor por ellos es incondicional!

¡FOMENTAR LA CONFIANZA DE LOS CHICOS EN SÍ MISMOS ES LO QUE LOS HARÁ FUERTES!

UNA FRASE MÁGICA

¿Sabían cuál es la frase que más ayuda a los chicos a creer en ellos mismos? **YO CREO EN TI**

Díganselo todas las veces que puedan: cuando tengan que pasar una prueba, cuando estén iniciando algo que les cueste, cuando hablen de los límites, cuando tengan que resolver situaciones o problemas... La mejor frase para darles es "yo creo en ti", pues de tanto decirlo los chicos acabarán creyéndolo. Y lo más importante es que luego ellos mismos dirán la frase mágica... **YO CREO EN MÍ**

HUMILDAD

SOY UN TIPO DE BARRIO,
COMO CUALQUIER OTRO.
EL MISMO DE SIEMPRE.
ROSARIO ES EL LUGAR
DONDE NACÍ. ALLÍ PASÉ
LINDOS MOMENTOS
EN MI INFANCIA Y
ESO NO LO CAMBIA NI
UN GOL NI LA FAMA.

MESSI

Como vimos antes, en su propio país muchas veces lo criticaron. Pero él nunca dudó del amor por su patria. Por eso cuando le preguntaron cómo era posible que, después de vivir más de veinte años en España no se le hubiera pegado el acento, simplemente respondió:

"Argentina es mi país, mi familia y mi manera de expresarme. No quiero que se me pegue el acento español ni perder la identificación que tengo con mi país".

Esto habla de un chico que siempre se mostró tal cual es, que nunca negó sus orígenes: sencillo, simple y con una humildad que no cambia ni ganando un gran Mundial, ni recibiendo siete veces el Balón de Oro, ni dos veces el título Best Player (mejor jugador del mundo).

En 2019, cuando recibió su primer premio The Best entregado por FIFA, dijo: "Para mí los premios individuales son algo secundario, primero está lo colectivo". Y algo parecido repitió cuando recibió su segundo The Best el 27 de febrero de 2023. La Pulga era el favorito para llevarse el trofeo, pero competía con dos grandes: Karim Benzema y Kylian Mbappé.

Fue caminando hasta el escenario con su gran sonrisa para recibir el premio. Cuando lo tuvo entre sus manos, lo primero que hizo fue reconocer a sus competidores diciendo "es un placer volver a estar acá con Benzema y con Kylian; los dos tuvieron un año grandísimo, así que es un honor para mí..."

Y luego puso bien arriba a todo su grupo de la selección: "Quiero agradecer a mis compañeros, Scaloni, el Dibu... nosotros estamos en representación de todo el grupo, sin ellos no estaríamos hoy acá. Este año fue una locura para mí, pude conseguir lo más hermoso en mi carrera. Este premio es un reconocimiento a todo el grupo por lo que hicimos".

MESSI, CONSAGRADO COMO EL MEJOR DE TODOS, TIENE LA HUMILDAD DE RECONOCER A LOS DEMÁS SIEMPRE Y NO NECESITA MOSTRARSE SUPERIOR A NADIE.

Después de recibir el premio como Mejor jugador del mundo, en su cuenta de Instagram escribió esto:

> GRACIAS A TODOS LOS QUE HICIERON POSIBLE QUE GANARA ESTE PREMIO. A TODOS LOS DE LA SELECCIÓN, A MI FAMILIA Y AMIGOS, A LOS 45 MILLONES DE ARGENTINOS QUE CONFIARON EN NOSOTROS... Y FELICIDADES A TODAS LAS GANADORAS Y TODOS LOS GANADORES DE LOS FIFA THE BEST, ESPECIALMENTE A LIONEL SCALONI Y AL DIBU MARTÍNEZ, QUE TANTO MERECIERON SUS PREMIOS TAMBIÉN. ¡UN ABRAZO A TODOS, NOS VEMOS PRONTO!

EN LA VIDA HACE COMO EN LA CANCHA: SE PERMITE BRILLAR Y HACER ESAS JUGADAS QUE PERMITEN QUE OTROS BRILLEN TAMBIÉN

La humildad de Messi también se muestra en su deseo constante de mejorar, de aprender algo nuevo. Es como que él no siente que ya llegó; al contrario, siempre hay un escalón más para subir, algo nuevo por descubrir, para llegar a ser la mejor versión de sí mismo.

EL DÍA EN QUE PAREZCA QUE NO HAY MEJORAS POR HACER SERÁ UN DÍA MUY TRISTE PARA CUALQUIER JUGADOR.

ANOCHE SOÑÉ CON MESSI

ANÁLISIS POST PARTIDO. ¡PENSEMOS JUNTOS!

A todos nos gusta brillar, que nos feliciten, ¡que las cosas nos salgan 10 puntos! Está bien querer dar lo mejor de nosotros. El problema es cuando sentimos que, si no somos los mejores, entonces lo que hicimos sirvió para nada. Cuando pensamos "soy el mejor de todos o soy el peor", esa manera de pensar te puede hacer mal. ¿Por qué? Pensemos juntos...

Messi —el mejor del mundo— tuvo muchos partidos en su carrera donde no fue el mejor, donde no jugó su mejor fútbol, donde erró penales importantes... ¿Qué habría pasado si cada uno de esos días Messi pensaba "soy el peor"?

Muchas personas caen en ese error: cuando hacen las cosas bien piensan "soy el mejor", cuando hacen las cosas mal piensan "soy el peor". Messi piensa diferente. Ah... ¿pero entonces será que Messi se siente *bien* cuando las cosas le salen *mal*? ¿Ese es el secreto? ¡Claro que no! Nadie se siente bien cuando las cosas le salen mal. Pero el secreto de Messi, del que podemos aprender, es que él se concentra en hacerlo mejor que la última vez y no en compararse con los demás.

Vamos a repetir esa última parte:

 # NO COMPARARSE CON LOS DEMÁS.

Es difícil no compararnos con otros porque a veces pensamos que tenemos que ser mejores que nuestros amigos o compañeros del cole. Pero, cuidado, ¡es una trampa! Cada vez que te comparas con alguien, pierdes energía y poder. Esa energía que necesitas para concentrarte en ser mejor de lo que fuiste ayer, y no mejor que fulanito.

Estamos analizando el partido de "la humildad", uno de los secretos del éxito de Messi dentro y fuera de la cancha. Veamos otro ejemplo de su humildad —que seguro ya lo notaste si miraste muchos de sus partidos—.

¿Qué hace Leo después de meter un gol?

¡Enseguida busca al compañero que le hizo el pase para abrazarlo! ¡Es su manera de decirle "pude meter este gol gracias a tu pase"! Eso es humildad.

Algo que también lo hace humilde es que siempre agradece a quienes lo acompañaron. Siempre que mete uno de esos golazos imposibles, señala al cielo con los dedos y le dedica su triunfo a alguien muy especial: su abuela Celia, la primera que lo animó a seguir este camino. Aunque ella no llegó a ver el enorme jugador en que se convirtió su nieto, Messi le dedica todos los goles a esa persona que creyó en él cuando todavía era solo una "pulga" con un sueño. Él nunca la olvidó. ¡Eso es humildad y amor! Dos características que traslada a la cancha y a la vida.

¡MANOS A LA OBRA!

Ser humilde no es "achicarse" ni conformarse con ser menos de lo que podemos ser. Es darnos cuenta de que para ser lo mejor que podamos ser, hay dos cosas que tenemos que conocer bien: en qué somos muy buenos —nuestra fuerza natural— y en qué no somos tan buenos —nuestros músculos más débiles—.

Todos tenemos cosas que nos salen bien, "de taquito", y otras que nos cuestan porque nadie es perfecto, ni Messi.

Te proponemos un entrenamiento en humildad para que puedas trabajar esos dos músculos y así llegues a ser tu mejor versión. ¿Cómo? Muy fácil.

En una hoja, vas a anotar de un lado tus puntos fuertes, las cosas que naturalmente te salen bien, lo que te gusta hacer, lo que los demás te dicen "qué bien haces esto". O sea, tus músculos fuertes. Y en otra columna, vas a escribir aquellas cosas que te cuestan, que te cansan, que puedes mejorar mucho. Es decir, tus músculos más débiles. Pero primero una pregunta: ¿qué sucede cuando un músculo se entrena? ¡Exacto, se vuelve más fuerte! Eso significa que cualquier cosa que hoy no te salga bien puedes mejorar-la con entrenamiento. Tal como lo hacen los futbolistas en cada entrenamiento: practican esas jugadas que más les cuestan, una y otra vez, hasta que mejoran.

MI LISTA DE FORTALEZAS Y ÁREAS DE MEJORA

CONSISTE EN TRES PASOS:

PRIMER PASO

reconocer tus músculos fuertes (lo que te sale bien)

SEGUNDO PASO

reconocer tus músculos débiles (lo que te cuesta y necesitas mejorar)

TERCER PASO

pensar qué pequeña acción puedes hacer para mejorar ambas áreas.

TODAS LAS FLORES DE MAÑANA ESTÁN EN LAS SEMILLAS DE HOY.

ANTIGUO PROVERVIO CHINO

Piensa en pequeñas acciones que puedas hacer para mejorar. Puedes completar este cuadro con la ayuda de tus padres. ¡Al hacerlo serás como Messi en sus entrenamientos, enfocado en lograr que todos sus músculos sean más fuertes!

	Músculos débiles	Músculos fuertes
1		
2		
3		
4		
5		
6		
7		
8		
9		
10		

PARA LOS PADRES

10 CONSEJOS DE ORO
PARA FOMENTAR LA HUMILDAD

1 Ser modelos de humildad: que los chicos vean que nosotros somos amables y agradables con todos.

2 Enseñarles a ser respetuosos con todas las personas sin excepción.

3 Enseñarles a servir: por ejemplo, cuando vienen amigos de visita, que ayuden a preparar la casa, a cocinar, a poner la mesa.

4 Enseñarles a pedir perdón cuando se equivocan (y la mejor forma de enseñarles esto es que nos vean a nosotros pedir perdón cuando nos equivocamos).

5 Animarlos a que den lo mejor de sí mismos siempre, sin compararse con los demás.

6 Evitar las comparaciones entre hermanos y/o con compañeros de su clase.

7 Fomentarles la curiosidad ofreciéndoles nuevas experiencias de aprendizaje.

8 Animarlos a reconocer sus errores como parte del aprendizaje.

9 Estimularlos para que den lo mejor de sí mismos sin alardes ni ostentaciones.

10 Explicarles la importancia de ser reconocidos y agradecidos, siempre.

EDUCAR EN LA HUMILDAD A LOS CHICOS LOS HARÁ SER MÁS FUERTES Y MÁS FELICES

¿SABÍAS QUÉ?

¿Sabían que la humildad es un factor clave para el desarrollo de una mente científica? Lo es porque implica tener apertura para las ideas nuevas y ser capaz de cuestionar las propias. ¡Las dos condiciones esenciales progreso científico!

¿Te gustaría que tu hijo fuera el próximo Einstein? ¡Cultiva su humildad!

QUINTO PARTIDO

EMPATÍA

HACER FELIZ
A UN NIÑO
ES LO QUE MÁS
ME LLENA.

MESSI

¿QUÉ ES LA EMPATÍA?

Es poder ponerse en el lugar del otro y desde ahí entender lo que el otro siente. Esta es una característica de los grandes líderes, que les permite acercarse a los demás y anticipar lo que necesitan, especialmente en los momentos difíciles. La empatía es la habilidad que distingue a los líderes estrella de los demás. Y aunque Messi nunca quiso ser una estrella, sino ser el mejor jugador que podía llegar a ser, esta habilidad le posibilita brillar como una estrella no sólo en la cancha sino en la vida.

La empatía también se define como "ponerse en la piel del otro". Cristina Cubero, periodista del diario *Mundo deportivo* de Barcelona, nos cuenta esta historia de Messi: "Fuimos a un hospital de Boston con niños con cáncer. Llegó una madre que le dijo 'soy argentina, mi hija quiere conocerte'. Y vino la niña hinchada, calvita. Le dijeron a Leo que era terminal. Salió llorando, me vio, se abrazó a mí, estuvo así como cuatro minutos, llorando como un bebé. Él siempre me decía que fue a raíz de ver aquello que empezó a colaborar con asociaciones contra el cáncer".

LOS CHICOS DE SIRIA LLEVAN SEIS AÑOS SOMETIDOS A LA VIOLENCIA DE UN CONFLICTO QUE LOS TIENE COMO REHENES. COMO PADRE Y EMBAJADOR DE UNICEF, TENGO EL CORAZÓN DESTROZADO.

Messi no es un ídolo que vive en su mundo sino que vive en el mundo y se siente conectado con lo que pasa. Por eso dice: "Un día de guerra es demasiado" y tiene una fundación que ayuda a niños en situación de riesgo en todo el mundo y que, entre otras cosas, construyó muchas aulas para más de 1600 chicos en Siria.

Messi nunca se olvida de la Argentina: durante la pandemia, donó 500 mil euros a la Fundación Garrahan, el hospital de niños más importante de su país.

¡La lista de sus acciones solidarias es muy larga y contagia a los demás! Así pasa con los valores: son contagiosos. Hace poco la Pulga inició una de las campañas más grandes de recaudación de fondos en apoyo a la organización internacional Save the Children (Salven a los chicos) para la salud y la educación de la infancia. Leo dice que el fútbol le dio las oportunidades que muchos chicos y chicas no tienen. Leo se pone en el lugar de los otros y desde ahí comprende lo que el otro necesita. Su gran empatía hace que sea solidario y generoso. Y, lo más interesante, es que muchas de estas grandes acciones casi no se conocen. ¡Leo es un chico que habla poco y hace mucho!

Volvamos a la cancha.
¿Dónde vemos el corazón de Messi?

Emiliano Martínez, el Dibu, arquero de la Selección argentina en el Mundial 2022, dice que la gente solo lo ve marcando goles, pero que con ellos es mucho más que un jugador. Cuando le metieron dos goles en el partido contra Arabia, Messi fue, lo abrazó y lo calmó antes de jugar contra México. Y en esta foto se ve a Messi apoyado en el corazón del Dibu. Eso es empatía, conectar con el corazón del otro, y saber cómo apoyarlo.

"Esta foto es Messi. El sabe que estoy nervioso. Estaba triste porque me hicieron dos goles contra Arabia, entonces me abrazó y me calmó antes de jugar contra México. La gente sólo lo ve marcar goles, pero con nosotros es más que un jugador".

EMILIANO MARTINEZ

ADEMÁS DE "ROMPERLA EN
LA CANCHA", MESSI "LA ROMPE
EN LA VIDA": PORQUE SE
LE "ROMPE EL CORAZÓN"
CUANDO SIENTE EL DOLOR DE
LOS OTROS, ESPECIALMENTE
DE LOS CHICOS.
Y TRANSFORMA ESE DOLOR
EN ACCIONES DE AMOR.
¿SERÁ POR ESO QUE TODOS
LOS CHICOS LO AMAN?

ANOCHE SOÑÉ CON MESSI

HAY UN CHICO NUEVO EN LA ESCUELA QUE SIEMPRE ESTÁ SOLO Y PARECE TRISTE. MI MAMÁ ME DICE QUE ME ACERQUE. PERO YO YA TENGO MIS AMIGOS, Y ESE CHICO NO PARECE DIVERTIDO, NO ME DAN GANAS.

PONETE UN MINUTO EN SU LUGAR. IMAGINÁ QUE LLEGASTE A UN COLE NUEVO Y NADIE TE HABLA, TE SENTÍS SOLO Y TRISTE. AHORA IMAGINÁ QUE VIENE UN CHICO Y TE DICE "¿PODEMOS SER AMIGOS?". ¡TE CAMBIA LA VIDA! ¡AYUDAR A ALGUIEN QUE LO NECESITA REQUIERE ESFUERZO, PERO SIEMPRE HACE BIEN!

¡MESSIRVE!

ANÁLISIS POST PARTIDO. ¡PENSEMOS JUNTOS!

La empatía es un superpoder. No sólo para Messi —que podía darse cuenta, por ejemplo, qué necesitaba el arquero justo antes de un partido importantísimo— sino para todos.

¿Por qué es un superpoder? Porque cuando te pones "en los zapatos" del otro y puedes imaginarte lo que el otro está sintiendo y lo que el otro necesita, es como si le leyeras la mente sin que te diga nada

¿Y ESTO PARA QUÉ SIRVE?

¡PARA TANTAS COSAS!

PRIMERO

Para tener más amigos. Porque tus amigos, cuando están con vos, se sienten bien porque saben que tú siempre te das cuenta lo que están sintiendo y necesitando (tal vez hoy mi amigo necesita un abrazo, otro día puede ser que necesite que lo invite a jugar al fútbol).

 ## SEGUNDO

Para evitar peleas. Cuando podemos "leer la mente" del otro y darnos cuenta de lo que está sintiendo y pensando, nos evitamos peleas. Por ejemplo: tu hermana te contesta mal. Y en lugar de responderle mal inmediatamente y empezar una pelea, puedes detenerte un momento, ponerte "en sus zapatos" y pensar: ¿habrá tenido un mal día en el cole hoy? ¿y si le pregunto por qué está triste?

TERCERO

Para cuando seas grande y quieras ser muy bueno en algo. ¿Sabías qué tienen en común los mejores capitanes de equipo, los mejores líderes de las empresas, los mejores médicos, los grandes maestros? ¡La empatía! Saben conectar con los demás, darse cuenta de lo que sienten y hacer algo para ayudarlos.

Por eso, queremos enseñarte una técnica poderosa para que desarrolles tu empatía. Consiste en tres pasos:

Imagínate que viene tu hermana llorando. Apenas puedes entender lo que dice, porque es un mar de lágrimas, pero por sus gestos te parece que se le ha perdido su pulsera preferida al salir del mar.

ESTE ES EL PRIMER PASO, OBSERVAR.

Cuando estás en este paso, observa cómo se siente. En este caso sería más que triste, por la forma en que llora; podría estar angustiada, ¿verdad?

EL SEGUNDO PASO CONSISTE EN PENSAR

¿Cómo te sentirías si perdieras algo que es muy importante para ti? Ese álbum de figuritas que tanto tiempo te costó armar, tu colección de monedas antiguas... algo que te parezca súper importante. Ahí, en este momento, podrás sentir lo que tu hermana siente y podrás comprenderla mejor.

Y EL TERCER PASO CONSISTE EN PREGUNTAR

¿Cómo te puedo ayudar? Ofrecer un abrazo, sentarte a su lado hasta que se calme, ofrecerte para buscar juntos la pulsera, lo que sea que sientas que pueda ser de ayuda será genial para aliviarla.

EJERCICIO DE REFLEXIÓN

VOY A USAR MI SÚPER PODER DE LA EMPATÍA

SITUACIÓN

Describir la situación:
en el ejemplo,
mi hermana llorando
porque perdió la pulsera
que le regaló la abuela.

OBSERVAR

¿Cómo se siente?
Imaginarte cómo se
puede sentir: ¿está
triste, está enojada,
está angustiada...?

PENSAR

¿Cómo me sentiría
yo si perdiera
algo importante
para mí?

PREGUNTAR

¿Cómo la puedo ayudar?
¿Cómo puedo mostrarle
que me importa
lo que le pasó?

¡MANOS A LA OBRA!

La idea es busques un momento para llevar todo esto a la práctica, puede ser en casa con tus padres, o también en el cole con tus compañeros. La idea es que cuando veas a alguien triste, enojado, preocupado, cansado, angustiado, aproveches esa ocasión para usar el súper poder de Messi: la empatía, y luego elijas la manera de ayudar y lo registres.

MI TABLERO DE EMPATÍA

¿A quién ayudé?	¿Cómo lo hice?

10 CONSEJOS DE ORO
PARA FOMENTAR LA EMPATÍA

1 Empatizar nosotros con ellos: hacerles preguntas acerca de cómo se sienten.

2 Que los vean a ustedes empatizar con otras personas.

3 Leerles historias o cuentos donde se vea la empatía en acción.

4 Ayudarlos a ponerse en el lugar del otro a través de "role play" (juego de roles).

5 Aceptar las emociones "difíciles" de los chicos: todas son válidas.

6 Hablar con ellos acerca de las propias emociones "difíciles", alguna vez que nos sentimos celosos, decepcionados, etc.

7 Preguntarles "¿cómo te sentirías si...?" y plantear diferentes situaciones problemáticas o desafiantes: te sacas una mala nota, se te rompe la bicicleta, alguien se ríe de ti o te hace burla, empiezas las clases en un colegio nuevo...

8 Enseñarles el correcto uso de la expresión "lo siento", que no sea algo automático sino real.

9 Hablar mucho acerca de los sentimientos, como parte de la vida diaria.

10 Enseñarles a los chicos que el mundo no gira en torno a ellos: ¡que aprendan a ser solidarios en las tareas del hogar es un muy buen inicio!

¿SABÍAS QUÉ?

¿Sabían que la empatía es la habilidad más importante de la inteligencia emocional? ¡Es el superpoder que hoy más se busca en las empresas de primer nivel! Y es el rasgo que mejor predice el éxito en las relaciones personales.

Y todas las investigaciones de las neurociencias demuestran que los seres humanos somos más felices cuando cooperamos con los demás. Se descubrió que tenemos un cerebro social que se ilumina para mostrar que estamos impulsados por algo más grande que nuestro propio interés.

¿Te gustaría que tu hijo contribuyera a hacer del mundo un lugar mejor?

¡Cultiva su empatía!

AMISTAD

LA AMISTAD ES LO QUE NOS DA LA RELACIÓN PARA QUE LAS COSAS QUE SE TIENEN QUE HACER SEAN MÁS FÁCILES DE HACER EN CUALQUIER ÁMBITO DE LA VIDA.

MESSI

Cuando le preguntaron cómo se prepara para un partido, Leo dice que no todo es el día del partido, sino que importa mucho cómo llegas a ese día con tus compañeros, la continuidad de la semana, del mes, del año, y luego asegura que "ese día hace falta divertirse y estar concentrado para poder ganar todo lo posible".

Seguramente sabrás que uno de sus mejores amigos es el Sergio Kun Agüero, que tuvo que retirarse del fútbol por un problema en su corazón. Un momento durísimo para el Kun, que no tenía pensado dejar de jugar.

¿QUÉ HIZO SU GRAN AMIGO?
¡LE ESCRIBIÓ UNA CARTA!

¡En estos tiempos, de mensajes cortos por Whatsapp, que alguien te escriba una carta es muy especial! Mira lo que le escribió (e imagínate a Leo con su voz, diciendo cada palabra):

PRÁCTICAMENTE TODA UNA CARRERA JUNTOS, KUN... VIVIMOS MOMENTOS MUY LINDOS Y OTROS QUE NO LO FUERON TANTO, TODOS ELLOS NOS HICIERON CADA VEZ UNIRNOS MÁS Y SER MÁS AMIGOS. Y LOS VAMOS A SEGUIR VIVIENDO JUNTOS FUERA DE LA CANCHA. CON LA GRAN ALEGRÍA DE LEVANTAR LA COPA AMÉRICA HACE TAN POQUITO, CON TODOS LOS LOGROS QUE CONSEGUISTE EN INGLATERRA... Y LA VERDAD QUE AHORA DUELE MUCHO VER CÓMO TENÉS QUE DEJAR DE HACER LO QUE MÁS TE GUSTA POR CULPA DE LO QUE TE PASÓ. AHORA ARRANCA UNA NUEVA ETAPA DE TU VIDA Y ESTOY CONVENCIDO QUE LA VAS A VIVIR CON UNA SONRISA Y CON TODA LA ILUSIÓN QUE LE METÉS A TODO... TODO LO MEJOR EN ESTA NUEVA ETAPA. TE QUIERO MUCHO, AMIGO, VOY A EXTRAÑAR MUCHÍSIMO ESTAR CON VOS ADENTRO DE LA CANCHA.

Messi —el mejor del mundo— podría pensar que no le hace falta su amigo para jugar. Porque él es el mejor. Y aun siéndolo, tiene la humildad y la empatía suficientes para saber qué palabras necesita escuchar su amigo. Y las dice porque lo siente. Porque no le da igual. Sentir que no da igual que estés o que no estés: son gestos que hacen que te sientas querido, apreciado, valorado.

ESO TE HACE SENTIR UN AMIGO DE VERDAD.

¿Y se puede ser amigo de un rival? ¿Ustedes qué piensan?

Miren el caso de Neymar… un rival importante de Messi, pero más amigo que rival.

Jugaron muchísimas veces en el Barcelona: 161 partidos como "dupla de ataque" ¡donde metieron infinidad de goles! Fueron cuatro años de hacer historia juntos. Pero en 2022 tuvieron que enfrentarse: cada uno jugaba para su selección en la final de la Copa América.

Contra todos los pronósticos, Argentina le ganó a Brasil nada menos que en su casa: en el famoso estadio Maracaná de Río de Janeiro. El triunfo se consiguió después de 28 años de intentarlo y fue el primer título del 10 con la selección de su país. Imagínate cómo se sintió Messi. ¡Alegría total!

Pero para Neymar fue todo lo contrario: tristeza total. Esa final lo vio llorar. Mientras el equipo argentino festejaba, Leo hizo algo diferente: se acercó a su amigo —que no paraba de llorar— y le dio un superabrazo, tan largo que lo comentó el mundo entero. Y crearon un momento para la historia más importante que un gol: un abrazo del que "Ney" jamás se olvidará.

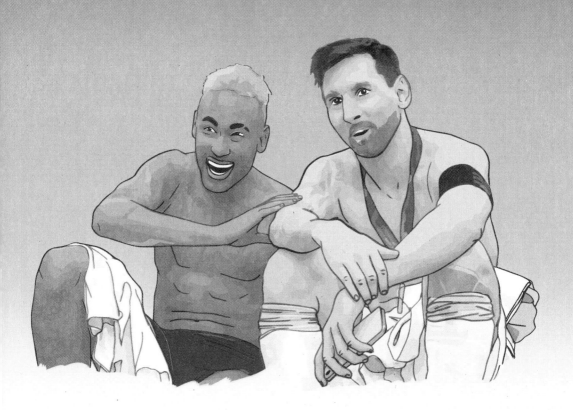

ANOCHE SOÑÉ CON MESSI

¿POR QUÉ TENGO POCAS AMIGAS? QUIERO SER COMO LAS INFLUENCERS, QUE TIENEN MILES.

LOS DE LAS REDES SOCIALES NO SON AMIGOS VERDADEROS, SON SEGUIDORES... Y EN LA VIDA LO IMPORTANTE NO ES CUÁNTAS AMIGAS TENÉS, SINO QUIÉNES SON TUS AMIGOS DE VERDAD. SON LOS QUE SE ALEGRAN CON VOS CUANDO TE VA BIEN Y SON LOS QUE TE APOYAN CUANDO TE VA MAL. NO IMPORTA LA CANTIDAD: IMPORTA CUÁNTO TE QUIEREN Y CUÁNTO LOS QUERÉS.

¡MESSIRVE!

ANÁLISIS POST PARTIDO. ¡PENSEMOS JUNTOS!

Tener amigos es genial, ¡pero también es un trabajo! Porque para tener amigos, lo primero que hay que hacer es empezar por serlo. Por eso a veces nos puede resultar un poco difícil. Ahora te vamos a decir cuál es el secreto de los amigos:

LA RECIPROCIDAD

¡Uf, qué palabra difícil!
¿Y eso de la reciprocidad qué es?

Pues es más simple de lo que parece. Por ejemplo, si quieres que te traten con cariño, trata a tus amigos cariñosamente; si quieres que te inviten a su casa, invítalos primero; si te gusta que se acuerden de tu cumple, felicita a tus amigos el día de su cumple; si quieres que te comprendan, usa tu superpoder —la empatía— para adivinar y comprender lo que ellos sienten.

EN RESUMEN

Si quieres que te quieran, empieza por demostrarles a tus amigos que los quieres. Solo hace falta prestar un poco de atención y muchas veces alcanza con ofrecer un buen abrazo en el momento justo ¡como el que Messi le dio a Neymar cuando lo vio llorar!

TENER BUENOS AMIGOS EN GRAN PARTE DEPENDE DE TI, DE QUE TE ESFUERCES POR SER UN BUEN AMIGO O AMIGA.

¡MANOS A LA OBRA!

Dijimos que una de las maneras de ser un buen amigo es recordar las fechas importantes de tus amigos, y qué mejor que los cumpleaños.

Por eso la actividad que te proponemos hacer es super-práctica y divertida.

¡Vamos a armar un calendario de cumpleaños de tus amigos más queridos!

PRIMER PASO
Armar una lista de tus amigos.

SEGUNDO PASO
Conseguir las fechas de sus cumpleaños.

TERCER PASO
Escribir sus nombres adentro del calendario.

CUARTO PASO
El día del cumple, escribirles una cariñosa cartita o tarjeta. ¡Se sorprenderán!

ENERO

FEBRERO

MARZO

ABRIL

MAYO

JUNIO

JULIO

AGOSTO

SEPTIEMBRE

OCTUBRE

NOVIEMBRE

DICIEMBRE

10 CONSEJOS DE ORO
PARA FOMENTAR EL VALOR DE LA AMISTAD

1 Hablar con los chicos acerca del valor de la amistad, con ejemplos como los de Messi.

2 Brindar oportunidades de interacción. Los chicos se hacen amigos cuando comparten la creación de algo especial: armar un video, escribir un cuento o preparar una "obrita de teatro" sobre algún tema que les interese.

3 Animarlos a invitar amigos a su casa: son momentos especiales donde comparten experiencias valiosas más allá de la escuela. Hacer de esas invitaciones algo importante.

4 Ver juntos películas donde se pondere el valor de la amistad, como *Luca*, la saga de *Toy Story* o similares.

5 Leer cuentos donde se vea la importancia de tener buenos amigos, por ejemplo "Elmer" o "El pez arco iris", que son relatos que sirven para trabajar la amistad y la empatía.

6 Animarlos a escribir tarjetas de felicitación para los cumpleaños de sus compañeros, o notitas de apoyo para los amigos si están enfermos.

7 En familia armar una receta con los ingredientes para ser un gran amigo.

8 Que los chicos conozcan a sus amigos: modelar la amistad de forma práctica.

9 Enseñarles a ser buenos amigos usando el superpoder de la empatía, que les permite tener un "detector de emociones" y hablar con ellos acerca de cómo ofrecer ayuda cuando sea necesario.

10 Contarles historias reales de nuestros amigos, por qué son importantes, o focalizar en tu mejor amiga o amigo, y contarles esa historia.

TENER BUENOS AMIGOS HACE QUE TODO SEA MÁS FÁCIL

Fomentar el valor de la amistad ayuda a los chicos a desarrollar habilidades de vida importantes: cómo llevarse bien con los demás, cómo resolver conflictos, cómo encarar los problemas. Los chicos con estas habilidades son menos propensos a tener dificultades sociales y emocionales cuando sean grandes. El juego con amigos impacta en la forma en que los chicos se conectan entre sí y en su capacidad de hacer amigos dentro y fuera de la escuela.

SÉPTIMO PARTIDO

LIDERAZGO

SIN LA AYUDA
DE MIS COMPAÑEROS
NO SERÍA NADA DE NADA.
NO GANARÍA TÍTULOS,
NI PREMIOS NI NADA.

MESSI

El fútbol es un deporte que se juega en equipo, son once contra once. Por más genial que sea un jugador, si no juega con los otros no llega a nada. Y es justamente ahí donde Leo se destaca e impone un liderazgo muy moderno: el líder no es el jefe ni el dueño de la pelota,

EL LÍDER
ES EL QUE SABE QUE EL TRIUNFO DEPENDE DEL EQUIPO.

Es más: el líder no es necesariamente el capitán ni el más habilidoso con la pelota. Hubo muchos líderes de equipos que no lo eran. Por ejemplo, el mediocampista Javier Mascherano, a quien se lo llamaba "el líder sin cinta" porque, aunque no era capitán ni era el mejor jugador, sabía cómo lograr que cada miembro de su equipo jugara a su máximo nivel. En el caso de Leo se combina todo: el mejor jugador con la pelota y el mejor líder que hace que cada uno de los que está a su alrededor quiera darlo todo.

Por eso siempre hace un reconocimiento al esfuerzo del equipo. Y además brinda una visión esperanzadora que da seguridad y contagia de optimismo a sus compañeros, algo que vimos muy claramente durante el Campeonato Mundial de Qatar.

"Este grupo siempre tuvo claro que íbamos a dejar todo en cada partido"

Como líder de un equipo le toca sentir muchas emociones, tanto de las que nos gustan —la alegría, la motivación, las ganas— como de las otras —la tristeza, la ansiedad, la rabia, la angustia—. Y por experiencia propia él sabe que las emociones son contagiosas.

¿Cómo hace para manejar sus emociones y contagiar positivamente a su equipo?

Seguramente, desde pequeño luchó por mantener una visión esperanzadora de lo que iba a lograr pese a los obstáculos: su problema médico, el rechazo en los clubes importantes de su país, la mudanza obligada a España... todas pruebas que lo hicieron más fuerte. Y lo transformaron en un guerrero. Ese es el ánimo que contagia a los demás. Y hace que los demás quieran ganar porque lo quieren ver triunfar a él. Porque, como él mismo dice, "a veces lo que parece malo se puede transformar en algo bueno".

Por eso no bajaron los brazos durante el mundial, y aunque en un momento estaban perdiendo y todas las esperanzas de un país se fueron por el suelo, él sostuvo: "Estábamos confiando, y le pedimos a la gente que confíe, porque sabemos lo que somos... Este grupo es una locura". Leo habla poco, pero dice mucho.

Leo es un líder positivo: espera que suceda lo mejor y trabaja para ello. No lo detienen la presión, los comentarios negativos ni los fracasos, que con la selección fueron muchos. Todo forma parte del juego. El capitán motiva con su ejemplo. Su entusiasmo no se apaga nunca, su amor por la pelota hace que vea posibilidades donde otros no ven, y en la cancha crea situaciones insólitas para su equipo. Por eso se dice que es un gran jugador, y también un tremendo armador. Esto hace que sus compañeros se llenen de confianza, se entusiasmen y se esfuercen tanto como él. "Leo transmite ser líder porque cada vez que agarra la pelota sabés que algo puede pasar... en la cancha con cualquier detalle ya te contagió", dijo el Kun en referencia a su liderazgo.

LEO ES UN VERDADERO LÍDER
PORQUE MULTIPLICA LOS TALENTOS DEL EQUIPO.

Con pocas palabras sabe tocar el corazón de sus compañeros: los mantiene unidos con un objetivo en común. Los motiva con una visión esperanzadora de lo que es posible lograr. Y lo logra, porque con su ejemplo de talento, garra y humildad consigue que los demás den lo mejor. Entonces los imposibles desaparecen. ¡Hasta ganarle a Brasil en su cancha y ser campeones del mundo es posible!

ANOCHE SOÑÉ CON MESSI

CUANDO JUEGO AL FUTBOL ¡QUIERO SER EL CAPITÁN! ME GUSTA TENER LA PELOTA Y CUANDO LA PASO QUIERO DECIRLE A CADA UNO LO QUE TIENE QUE HACER. ES COMO QUE QUIERO QUE TENGAN EL MISMO ENTUSIASMO QUE TENGO YO... ¡PERO MUCHAS VECES ME DICEN QUE SOY UN MANDÓN!

¡A MÍ TAMBIÉN ME ENCANTA SER CAPITÁN DE LA SELECCIÓN! PERO EN LUGAR DE DECIRLES LO QUE TIENEN QUE HACER, ME GUSTA MOTIVAR A MIS COMPAÑEROS CON EL EJEMPLO. CONTAGIALOS CON TUS GANAS DE HACER LAS COSAS BIEN, Y VAS A VER QUE ELLOS TAMBIÉN SE VAN A ENTUSIASMAR.

¡MESSIRVE!

ANÁLISIS POST PARTIDO. ¡PENSEMOS JUNTOS!

Como vimos en este "partido", resulta más fácil ganar cuando trabajamos con un equipo motivado. Y ahí es donde la historia de Messi líder nos puede servir de ejemplo.

PENSEMOS JUNTOS...

Messi para motivar a sus compañeros ¿les grita?
No, nunca.
¿Les da órdenes? No.
¿Los reta cuando las cosas salen mal?
¡Al contrario, los consuela y les ayuda a levantar la cabeza!
Entonces ¿qué hace para que su equipo tenga éxito? Los motiva con su ejemplo.

Los demás ven su esfuerzo constante, su disciplina, los demás lo ven ponerse triste cuando pierde, pero levantarse rápido, los demás lo ven agradecer y celebrar con todos cuando ganan. Y, de vez en cuando, los demás lo escuchan...

¿Saben qué les dijo a sus compañeros antes del partido final de la Copa América? Por un instante imagínate que estás ahí, en ese vestuario, y que Messi te está hablando a ti... y lo escuchas decir...

Chicos:

45 días donde no nos quejamos de los viajes, de la comida, de los hoteles, de las canchas, de nada. 45 días sin ver a nuestra familia. El Dibu fue papá y no pudo ver a la hija todavía, el Chino igual, lo vio un ratito nada más. ¿Por qué? Por este momento, porque teníamos un objetivo y estamos a un pasito de conseguirlo, ¿y saben qué es lo mejor de todo?

Que depende de nosotros ganar esta copa.

Así que, por eso, ahora vamos a salir y vamos a levantar esa copa, nos vamos todos para Argentina a disfrutar con nuestra familia, nuestros amigos, la gente que bancó siempre a Argentina.

No existen las casualidades, muchachos.

Esta copa se tenía que jugar en Argentina y Dios la trajo acá para que la levantemos en el Maracaná, para que sea más lindo para todos, así que salgamos confiados y tranquilos que esta nos la llevamos para casa.

Nosotras nos emocionamos con solo transcribir sus palabras. ¿Te pasó lo mismo? Esto es lo que hace un gran líder: transmite ideas claras, emociona, contagia entusiasmo, confianza y muchas ganas de hacer las cosas bien. Y lo más importante: ¡que todos nos sintamos protagonistas del sueño, aunque no entremos a la cancha!

¡MANOS A LA OBRA!

Como vimos, Leo es un líder que sabe motivar a su equipo, lo hace con su ejemplo y también con sus palabras. Y aunque él mismo dice que hablar le cuesta mucho más que jugar, aprendió a alentar a sus compañeros con palabras simples que llegan directo al corazón. Así que si Messi pudo lograrlo, ¡nosotros también podemos!

Te proponemos que armes un mensaje motivacional cortito, dirigido a los que quieras alentar. Piensa en las cosas que haces en grupo con tus amigos, desde un deporte hasta un proyecto para el cole, o un viaje que están por encarar todos juntos. Puedes motivarlos a hacer el mejor proyecto y a pasarla increíble en ese viaje.

¿EMPEZAMOS?

Elige tu audiencia, es decir, a quiénes te dirigirás: tu equipo de fútbol, tus compañeros de clase, tus amigas, tus hermanos, tu familia, etc.

Piensa dos ideas que quieras compartir. En el caso de Messi, en el discurso que les dio a sus amigos habló del esfuerzo (no se quejaron de nada, el Dibu y el Chino habían sido papás y no habían podido ver a sus hijitos todavía) y explicó que ganar dependía de ellos.

Piensa una o dos emociones que quieras transmitir. En el caso de Messi, les dio confianza y tranquilidad.

Y ahora mezcla estos elementos y arma tu breve mensaje motivacional. Puedes empezar con "Queridos amigos, queridas amigas, hoy quiero... (completar con las dos ideas que quieras transmitir), quiero que sientan... (completar con 2 emociones que quieras que sientan)", y puedes cerrar tu mensaje de la manera que más te guste alentándolos a ir por más.

Léelo en voz alta y haz las correcciones que creas necesarias, hasta que el texto te encante. Puedes ir grabándolo hasta que consigas la mejor versión.

Puedes pedir ayuda a tus padres para filmarte. Algo que aportaría muchísimo es editarlo con música inspiradora.

¡Bravo! ¡Ya armaste tu primer mensaje motivacional, como hacen los líderes! Compártelo con todos los que quieras.

10 CONSEJOS DE ORO
PARA FOMENTAR EL LIDERAZGO

1 Que los chicos nos vean dar el ejemplo. Ser nosotros mismos ejemplos de líderes positivos.

2 Hablarles acerca de la importancia de las emociones, explicarles que son contagiosas.

3 Animarlos a expresar lo que sienten con palabras.

4 Hacerles preguntas que los inviten a contar sus experiencias.

5 Crear momentos de comunicación especiales, donde ellos se sientan importantes. Puede ser los viernes, por ejemplo: sentarse a la mesa, que todos los miembros de la familia hablen de lo mejor y lo más difícil que les pasó en la semana. Escucharlos sin interrumpirlos.

6 Fomentarles la iniciativa mediante la pregunta "¿Y vos cómo lo harías?".

7 Animarlos a trabajar en equipo: hay chicos que naturalmente lo hacen bien y otros que necesitan guía. Anotarlos en actividades en grupo es una gran idea.

8 Contarles historias de líderes positivos, como el caso de Nelson Mandela. Mostrarles que ser líder a veces es contagiar algo positivo cuando el grupo está asustado, triste o preocupado. Podemos traer ejemplos del trabajo.

9 Leer juntos cuentos/historietas de superhéroes positivos y hablar de su liderazgo (Capitán América, Superman, la Mujer Maravilla).

10 Permitirles que se equivoquen: explicarles que de los errores se aprende.

PROMOVER EL LIDERAZGO EN LOS CHICOS HARÁ QUE EN LA VIDA TENGAN MÁS INICIATIVA

Los chicos a los que se les fomenta el liderazgo se vuelven más curiosos y más creativos porque aprenden a confiar en sí mismos, aprenden a trabajar con otros y no tienen miedo a equivocarse. El liderazgo es una capacidad que puede fomentarse desde que son pequeños y que pueden continuar desarrollando a lo largo de su vida.

EXCELENCIA

POCO A POCO
ME ESTOY
CONVIRTIENDO EN
ALGO MEJOR TODO
EL TIEMPO.

MESSI

8

Muchos lo llaman genio, pero su papá y mentor —Jorge Messi— nunca lo llamó así, tal vez porque no quiso que se quedara en ese lugar donde muchas veces estás solo. Tal vez porque sabía que si le decía "genio" su hijo no se esforzaría lo suficiente. Tal vez porque quería que, más allá de sus dones excepcionales, su hijo quisiera ser mejor cada día. Eso es la excelencia: buscar mejorar de manera continua.

CUANDO JORGE MESSI VIO JUGAR A LEO ENTENDIÓ QUE TENÍA TALENTO, LA MIRADA ERA LA DE UN PADRE ORGULLOSO... PERO LO ELOGIÓ POCO ENTRE TANTO ELOGIO UNIVERSAL, LE DIO PERSPECTIVA. Y CUANDO FUE NECESARIO, LO CORRIGIÓ A PARTIR DE LOS VALORES QUE CONSIDERA IDEALES

Guillem Balagué

Esta idea de la mejora continua en Japón se llama Kaizen, y ellos lo definen como el elemento más importante del éxito. El Método Kaizen es superinteresante y todos podemos aplicarlo, porque consiste en ir dando pequeños pasos para crear hábitos y rutinas que nos ayuden a ser mejores y alcanzar metas importantes.

Esta idea se basa en el esfuerzo, algo que podemos notar en Leo desde que era chico hasta hoy, ya como un campeón consagrado. En lugar de hacer foco en la idea de que "eres el mejor", te centras en el esfuerzo para ser y hacer lo mejor que puedas, siempre. ¡Se trata de practicar una y mil veces algo hasta que te salga tan bien, que "parezca" que lo haces naturalmente!

Cuando Leo tenía 11 años iba a jugar "El Mundialito", en Mar del Plata, pero no pudo participar porque se había fracturado la mano derecha y estaba enyesado. No podría jugar por un mes, ¡imaginemos su angustia! Dicen que era imposible que saliera a la cancha, pero también que viajara. Entonces el director técnico de la escuela de fútbol de Newell's, Sergio Almirón, lo autorizó para que viajara, hiciera alguna entrada en calor con la pelota y nada más. Lo cierto es que no había forma de pararlo. Y lo más interesante viene ahora: andaba con un bolsito de aquí para allá y del que no se desprendía nunca.

¿Saben lo que llevaba ahí adentro? Adivinen...

Dentro del bolsito llevaba la esperanza de poder jugar: sus botines, sus canilleras y sus vendas, aunque todavía faltaran treinta días para que le sacaran el yeso. O sea, era imposible que jugara, pero él no se enfocaba en lo imposible, sólo en sus ganas de practicar y de jugar. "Yo sé que, si me necesitan en la final, me van a sacar el yeso y me van a poner".

Así era Leo desde chiquito. Quien fue uno de sus primeros entrenadores dice:

> CUANDO YO ANUNCIABA QUE ESTABA POR TERMINAR LA PRÁCTICA, ÉL ME GRITABA QUE NO, QUE NOS QUEDÁRAMOS UN RATO MÁS.

Un ratito más, una práctica más, un partido más, un esfuerzo más. Leo se entregaba con alma y vida a su pasión, a eso que quería lograr, a mejorar todos los días, a ser excelente para alcanzar su gran objetivo: jugar algún día en la Selección Nacional.

Lo logró y llegó a la cima de ser su capitán y hacer de su equipo el campeón mundial. Y no fue solo gracias a su talento, sino a su esfuerzo constante. La excelencia es justamente eso: una búsqueda constante de ser mejor.

SER EXCELENTE NO ES SER PERFECTO.

NI MESSI ES PERFECTO.

Hubo muchos partidos donde no jugó en su máximo nivel. Hubo muchas veces donde seguramente se fue de la cancha sintiendo que no había sido su día. Pero llegar a ser excelente no significa que todo te salga bien siempre, sino que siempre te hagas esta pregunta:

¿CÓMO PUEDO HACERLO UN POQUITO MEJOR LA PRÓXIMA VEZ?

ANOCHE SOÑÉ CON MESSI

ANÁLISIS POST PARTIDO. ¡PENSEMOS JUNTOS!

Llegó el momento de pensar juntos.
¿Cómo parecernos a Messi un poquito más?
Porque practicar es algo que en general nos
cansa o nos aburre. Lo que Leo hace es poner
los ojos en la meta: en lo bien que se va a sentir
cuando la alcance. El secreto está en practicar,
practicar y practicar eso que quieres lograr
hasta que te salga superbien.

Es sabido que Leo siempre se quedaba jugando con la
pelota cuando los demás ya se habían ido a casa. Una vez
le acercaron un kilo de naranjas y unas pelotas de tenis.
Y le pidieron que practicara con ellas una semana. ¡A los
siete días grabó un video en el que daba 113 toques a una
naranja, 140 a la pelotita de tenis y 29 a unas de ping-pong!
¿Cuántas horas se habrá quedado practicando para lograrlo? Unos años más tarde, Mastercard hizo una publicidad
con esas imágenes, que hoy se pueden ver en YouTube.

No sé si escuchaste hablar de un gran músico llamado Mozart. Llamó la atención por muchas cosas, por la belleza de su música, por la perfección de sus obras, pero sobre todo porque era capaz de crear composiciones supercomplejas siendo muy chico. ¡Lo que pocos saben es que a los seis años —seis, sí, solo seis— Mozart ya llevaba 3500 horas de práctica!

Dicen que Messi pateaba la pelota desde que tenía tres años. ¡Son esas horas de práctica, de esfuerzo, las que nos permiten alcanzar nuestros objetivos! ¡Por eso nosotras lo llamamos "esfuerzo alegre", porque sabemos lo felices que nos vamos a sentir al final del camino!

¡MANOS A LA OBRA!

El gran sueño de Leo, ya lo dijimos muchas veces, era jugar en la selección de Argentina.

Pero antes de lograrlo tuvo que superar muchos obstáculos y alcanzar muchos otros sueños:

▶ Dar los primeros toques en el Abanderado Grandoli, el club de su papá, cuando era muy chiquito. ¿Recuerdan la historia de la abuela diciendo "métanlo, no se van a arrepentir"?

▶ Con solo 7 años llegar a jugar para Newell's Old Boys, uno de los clubes más importantes de Rosario, y ser considerado un crack.

▶ Superar el problema físico que le diagnosticaron a los 10 años, la falla en la hormona de crecimiento le impedía tener una altura normal.

▶ A los 12 viajar a España y que lo fichen en uno de los clubes europeos más importantes, el FC Barcelona.

▶ Con apenas 17 años hacer su debut oficial en la primera del Barça.

Con 18 años jugar en la Selección Argentina y ganar el Mundial Sub-20, donde entró como suplente y terminó como el mejor jugador y máximo goleador del torneo.

Cuando ganó en el Mundial Sub-20, le preguntaron: "Pibe, ¿alguna vez te imaginaste que ibas a lograr esto?". Y él respondió: "Este momento lo soñé mil veces".

Esa actitud de seguir soñando —y esforzarse todos los días para alcanzar ese sueño— le permitió consagrarse a los 35 años como capitán de la Selección Argentina y ganar el Mundial el 18 de diciembre de 2022.

Por eso, ahora queremos invitarte a que pienses en tu sueño y que además... ¡lo pintes!

¡EMPEZAMOS?

PRIMER PASO

Hacer una lista de los sueños/metas que te gustaría lograr

SEGUNDO PASO

Elegir el sueño o meta que más te gustaría alcanzar

TERCER PASO

Pintar ese sueño: puede ser un dibujo, una pintura, un collage

CUARTO PASO

Ponerlo en un lugar donde puedas verlo todos los días

QUINTO PASO

¿Qué puedes practicar todos los días para hacer ese sueño realidad?

SEXTO PASO

De vez en cuando, cierra los ojos e ¡imagínate con esa meta alcanzada!

10 CONSEJOS DE ORO
PARA FOMENTAR LA EXCELENCIA

1 Enseñarles con el ejemplo: que vean que nosotros buscamos la excelencia en lo que hacemos, que nos esmeramos en hacer las cosas cada día mejor, que los detalles son importantes.

2 Darles pequeñas tareas y responsabilidades, como regar las plantas o mantener el orden en algún lugar específico de la casa.

3 Animarlos a dar lo mejor siempre es excelencia, a diferencia de la exigencia desmedida, donde nada parece suficiente. No busquen la perfección, ya que acarrea frustraciones.

4 Ayudarlos a ponerse objetivos o pequeños pasos de superación en las tareas escolares, en los deportes, en sus habilidades sociales.

5 Evitar el sistema de amenazas y castigos, que solo funciona como adiestramiento y no como educación. Reemplazar castigos por consecuencias previamente acordadas con los chicos.

6 Contarles historias de superación personal: cómo pudieron alcanzar metas a través de la práctica y la mejora constantes.

7 Incentivarlos a identificar áreas de mejora y acciones posibles para cada una. Que vean que practicar cualquier habilidad es la base del éxito.

8 Animarlos a hacer las cosas de la mejor manera posible, y cuando sea apropiado a hacer un poquito más de lo esperado.

9 Fomentar la práctica de las habilidades, tanto de las cosas que les resultan fáciles como las difíciles.

10 Impulsar la autonomía de tareas, pero estar presentes para observar su progreso y felicitarlos cuando los vean esforzarse.

FOMENTAR LA EXCELENCIA EN LOS CHICOS HACE QUE DESCUBRAN HABILIDADES QUE DE OTRA FORMA QUEDARÍAN DORMIDAS

Los chicos a los que se les fomenta la excelencia se transforman en adultos dispuestos a esforzarse para alcanzar sus metas, a caminar "el kilómetro extra" en la vida, que es lo que distingue a los buenos de los excelentes. ¡Da resultado!

FAMILIA

AL FINAL LO QUE QUEDA
ES LA PERSONA, LA VIDA
Y LAS RELACIONES, ESO
ESTÁ POR ENCIMA
DE LO DEPORTIVO,
LO FUTBOLÍSTICO, COMO
LA FAMILIA, HAY
COSAS MUCHO MÁS
IMPORTANTES QUE
EL JUEGO.

MESSI

Desde muy chico la familia fue superimportante para Leo: siempre contó con la contención de sus padres y también de sus hermanos. Fueron un gran apoyo cuando le tocó enfrentar dificultades no tan comunes para un chico de su edad, como su dolencia física, irse a vivir a otro país para encontrar la cura y seguir con su sueño de jugar al fútbol profesional.

¿Será por eso que Jorge, su papá, sigue siendo su manager y que Leo se tatuó la imagen de Celia, su mamá, en la espalda?

¿Será por eso que al volver a la Argentina en marzo de 2023 para jugar amistosos con la Selección dijo "estoy tomando mate con mi mamá, estoy feliz de estar acá, de disfrutar todo lo que seguimos viviendo después de lo que pasó en diciembre"?

¿Será por ese gran sentido de familia que tiene que, aunque no viva en Argentina, le encanta venir a su país para festejar sus triunfos?

¿Será por eso que al marcar su gol 800 en un partido amistoso contra Panamá lo festejó y se lo festejaron como su hubiera ganado otro mundial?

"En lo personal siempre soñé con este momento. Poder venir a mi país a festejar con ustedes".

Tu familia son como las raíces de un árbol: son lo que te mantiene fuerte, lo que te permite crecer y por eso tener personas que te quieran —pueden ser mamá, papá, hermanos, abuelos, primos, tíos— es un regalo increíble por el que todos los días puedes dar gracias. Tu familia es hoy la que te tocó y algún día esa familia se hará más grande cuando formes la tuya propia, algo que para Leo también es muy importante.

Habla de la familia que creó con el gran amor su vida —Antonela Roccuzzo, de quien se enamoró a los 9 años— con muchísima emoción. Ella, Thiago, Mateo y Ciro son su razón de ser, lo más importante y los grandes reguladores de sus estados de ánimo. Ahora cuando pierde un partido y se "cae", puede "levantarse" más rápido. Así lo dice:

"Antes me encerraba y era fútbol, mi profesión y solamente eso, con la llegada de mis hijos fui cambiando. Antonela me ayudó, fueron pasando los años, tuve muchas derrotas en el camino como es normal en una carrera y lo vas asimilando mejor en vez de estar tres días encerrado sin hablar con nadie".

¿Será por eso que se saca con ellos las fotos más emocionantes al terminar los partidos?

Será por eso que Antonela, al finalizar el Mundial de Qatar, subió un posteo diciéndole:

Este orden de prioridades se traduce en muchas de sus decisiones acerca de cómo criar a sus hijos. Él dice que sus padres le inculcaron valores, muchos de los cuales los vimos en este libro: el esfuerzo, la disciplina, la excelencia... Es decir que no todo da igual.

Él se esfuerza por transmitir eso mismo a sus hijos. Por ejemplo, en relación con el dinero, justamente algo que no le falta por ser uno de los mejores jugadores del mundo, él quiere que sus chicos aprendan a valorar las cosas. Es como que no se la quiere poner fácil, tal vez repitiendo lo que hizo su papá con él, que le enseñó el valor del esfuerzo. Durante el Mundial de Qatar se desató una euforia por llenar el álbum de figuritas, y tanto él como Antonela decidieron darles las figuritas de a poco, como sucede con todos los demás chicos.

"Tanto Antonela como yo estábamos muy encima, tenían que hacer cosas, ganarse los paquetes. No les poníamos todo ahí, porque además pierde su gracia abrir un paquete tras otro... Se les hizo más difícil llenarlo, pero está bueno que ellos entiendan que tienen que valorar las cosas y ganarse lo suyo."

En una entrevista, Andy Kusnetzoff le preguntó a Leo si sus hijos consiguieron la figurita de él y respondió: "A Mateo le tocó. '¡Me tocó Messi!' Y los cargaba a los hermanos, y decía que no la iba a poner en el álbum, que se la iba a guardar para él". Esta pequeña historia lo pinta de cuerpo entero: no dar nada por sentado, ¡ni siquiera teniendo la figurita del papá!

ANOCHE SOÑÉ CON MESSI

CUANDO SEA GRANDE QUIERO GANAR MUCHO DINERO, COMO MESSI, ASÍ ME PUEDO COMPRAR TODO LO QUE QUIERA.

ESTÁ BIEN QUE QUIERAS ESFORZARTE PARA GANAR DINERO PARA COMPRARTE MUCHAS COSAS, PERO CUIDADO: LA VERDADERA RIQUEZA NO TE LA DA EL DINERO, SINO LOS VALORES QUE CULTIVES EN FAMILIA. LO IMPORTANTE ES CUÁNTO VALÉS VOS.

¡MESSIRVE!

ANÁLISIS POST PARTIDO. ¡PENSEMOS JUNTOS!

¿Para qué nos sirve conocer esta parte de la historia de Leo?

Para apreciar el valor de la familia. Para valorar mucho a nuestra propia familia. Para darnos cuenta de que lo que aprendemos de chicos nos va a servir toda la vida. Para darnos cuenta de que tener un papá, una mamá, hermanos, o como sea tu familia, es un tesoro que tenemos que cuidar. Para entender que los valores que aprendamos en nuestro hogar serán nuestra guía cuando seamos grandes.

A Messi sus padres lo animaron a dar lo mejor de sí desde chiquito, y eso lo marcó positivamente para siempre.

Pasar tiempo en familia se parece a cuando un equipo de fútbol juega en su cancha. Siempre puedes pensar que cuando estás con tu familia "juegas de local" y eso siempre es una ventaja.

Y TU FAMILIA ES TAMBIÉN TU LUGAR SEGURO:

DONDE PUEDES CONTAR TUS PREOCUPACIONES Y TUS MIEDOS, SABIENDO QUE TU FAMILIA SIEMPRE TE APOYARÁ.

¡MANOS A LA OBRA!

Como hemos visto, la familia es algo muy importante. ¡Lo más importante que podemos tener! Por eso ahora te vamos a proponer una actividad para que conozcas más a tu familia: armar un árbol genealógico. ¿Empezamos?

El título de este cuadro es **MI FAMILIA**.

PRIMERA RAMA

Empezar de abajo hacia arriba. Poner tu nombre y una foto o un dibujo. Poner el nombre de tus hermanas o hermanos si los tienes, con una foto o un dibujo.

SEGUNDA RAMA

Poner el nombre de tu papá y el de tu mamá, también con fotos o dibujos.

TERCERA RAMA

Poner el nombre de tus abuelos y fotos o dibujos. Debajo de cada nombre escribir una cualidad positiva de esa persona o lo que más te gusta de ella.

Debajo del nombre de tu hermano, por ejemplo, puedes poner "Me hace reír"; debajo del nombre de tu abuelo puedes poner "Es muy generoso".

MI ÁRBOL GENEALÓGICO

ABUELA MATERNA
(nombre de la mamá de tu mamá)

ABUELO MATERNO
(nombre del papá de tu mamá)

ABUELO PATERNO
(nombre de la mamá de tu papá)

ABUELA PATERNA
(nombre del papá de tu papá)

....

MAMÁ

PAPÁ

....

HIJO

HIJA

....

10 CONSEJOS DE ORO
PARA FOMENTAR EL VALOR DE LA FAMILIA

1 Usar todas las oportunidades que tengan para abrazar a sus hijos y decirles que los aman. El sentido de pertenencia se adquiere así, sintiéndose amado.

2 Buscar oportunidades para tener tiempo a solas con cada hijo compartiendo alguna actividad que les guste.

3 Crear situaciones para que los chicos ayuden en casa, y apreciar su ayuda de manera explícita.

4 Hablarles de los abuelos, de las cosas que pueden aprender de ellos.

5 Destacar cualidades positivas de otros miembros de la familia. ¡Que se haga costumbre hablar con admiración de hermanos, tíos, primos, abuelos y padres!

6 Contarles anécdotas divertidas de cuando ustedes eran chicos, cosas que vivieron en familia.

7 Crear tradiciones familiares desde chicos: por ejemplo, algún ritual de celebración o festejo mediante carteles con dibujos, fotos o videos con palabras de cariño para los cumpleaños.

8 Tener la mayor cantidad de comidas en familia, en lo posible todos los días o lo que se pueda, siempre que sea un momento de comunicación afectiva.

9 Prestar más atención a sus hijos que a sus celulares.

10 Invitar a abuelos, primos, tíos para compartir momentos especiales; si viven en otros países, animarlos a hacer videollamadas o mandar mensajes. Si es posible, invitar a los miembros de la familia extendida a compartir la fiesta de fin de curso, el *concert* del colegio o algún evento deportivo. Celebrar en familia genera unión.

FOMENTAR EL VALOR DE LA FAMILIA HACE CRECER LA AUTOESTIMA DE LOS CHICOS

Los chicos que desarrollan el valor la familia suelen ser más fuertes para adaptarse a los cambios porque desde chicos aprenden a confiar. Confían en sus padres, en sus hermanos, en sus abuelos porque se sienten amados y esto les permite desarrollar algo fundamental: el sentido de pertenencia, uno de los pilares de una autoestima saludable.

DÉCIMO PARTIDO

GRATITUD

QUIERO AGRADECER A TODOS LOS QUE ME HAN APOYADO DURANTE TODO ESTE TIEMPO: A LOS QUE CREEN, COMO YO, QUE SE PUEDEN SEGUIR LOGRANDO GRANDES COSAS, A LOS QUE A PESAR DE LAS ADVERSIDADES ME ANIMAN A SEGUIR JUGANDO AL FÚTBOL. NADA DE ESTO HUBIERA SIDO POSIBLE SIN SU APOYO. GRACIAS POR ACOMPAÑARME A VIVIR.

MESSI

Si hay algo que caracteriza a Leo es su agradecimiento. Tiene la actitud de los verdaderamente grandes, que saben que nadie logra algo importante por sí solo. Por eso dice: "Sin la ayuda de mis compañeros no sería nada de nada. No ganaría títulos, ni premios ni nada".

Cuando logró ganar el campeonato de Qatar 2022, el premio más difícil de su vida, el que no pudo alcanzar cuatro veces antes —recién en la quinta vez lo logró, y fue el triunfo más importante de su carrera—, en ese momento no se olvidó de agradecer a nadie: a su familia, a sus compañeros, a los hinchas. A todos los hizo parte de su éxito mundial.

"Muchas gracias a mi familia, a todos los que me apoyan y también a todos los que creyeron en nosotros... El mérito es de este grupo, que está por encima de las individualidades, es la fuerza de todos peleando por un mismo sueño que también era el de todos los argentinos... ¡¡¡Lo logramos!!!"

Recordemos de quién estamos hablando: de Messi el crack, el que superó todos los obstáculos para seguir jugando "a la pelota", el que superó a todas las estrellas del fútbol, el que lleva ganados ¡7 Balones de Oro!, cosa que nadie igualó ni de cerca; Messi el ídolo, al que muchos lo llaman "Dios". Aunque él pide que no lo llamen así. Estamos hablando de ese ejemplo de humildad, de ese Messi que no se cree Messi, que al consagrarse en Qatar logró mucho más que traer la Copa del Mundo a su país. Logró despertar una admiración y una alegría desbordantes, que hizo que cinco millones de personas inundaran las calles de Buenos Aires para expresar su gratitud hacia él y hacia la Selección.

"Con o sin Copa, en este Mundial ya había alcanzado algo que ni siquiera tiene que ver con el fútbol: devoción, gratitud y eternidad" (Juan Manuel Trenado, diario La Nación).

Y él agradece cuando gana... ¡y también cuando pierde!

¿Sabías que en 2015, cuando volvió a perder una final —en Chile, apenas un año después de haber perdido la final contra Alemania—, lo primero que hizo fue agradecer? En su cuenta de Facebook escribió:

> NO HAY NADA MÁS DOLOROSO EN EL FÚTBOL QUE PERDER UNA FINAL, PERO NO QUIERO QUE PASE MÁS TIEMPO SIN DARLES LAS GRACIAS A TODOS LOS QUE NOS APOYARON SIEMPRE Y NOS SIGUIERON BANCANDO EN LOS MOMENTOS DIFÍCILES.

Ya sabías que a la primera que agradece cuando mete un gol es a su abuela Celia, la que lo llevó a jugar al Club Abanderado Grandioli cuando tenía solo 4 añitos. Pero tal vez lo que no sabías es que ella murió cuando Leo tenía 10 años: es decir, no lo vio consagrarse, aunque lo vio luchar contra los obstáculos y seguramente lo imaginó campeón. Y él nunca la olvidó. Por eso vas a ver que cuando mete un gol, Leo se detiene, levanta los brazos, apunta al cielo ¡y le dedica el gol a su abuela!

Y después de ganar el Mundial, volvió a su país a jugar un amistoso contra Panamá. En este partido metió un golazo de tiro libre, uno de esos que son para volver a mirar muchas veces.

¡Y DE NUEVO BATIÓ UN RÉCORD: FUE SU GOL NÚMERO 800!

La magia y la pasión volvieron a encenderse en el estadio de River Plate. Los hinchas argentinos querían verlo levantando la copa y la trajo para festejar con todos. En un gesto de grandeza, no sólo agradeció a sus actuales compañeros de la selección, sino que recordó a los que había tenido anteriormente y "habían estado cerca de conseguir la copa también". En ese momento, después de que Leo dijo esas palabras, el Monumental estalló en una ovación. Luego, en su cuenta de Instagram escribió:

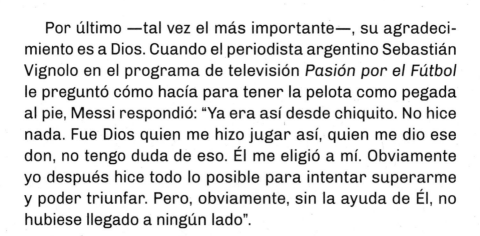

MUCHAS VECES IMAGINÉ LO QUE PODÍA SER REGRESAR A MI PAÍS COMO CAMPEÓN DEL MUNDO, PERO AHORA NO TENGO PALABRAS PARA EXPLICAR LO QUE SIENTO, LO AGRADECIDO QUE ESTOY A TODA LA GENTE POR EL CARIÑO... ESTÁN SIENDO UNOS DÍAS MUY MUY ESPECIALES Y SOLO PUEDO DECIRLES QUE TENGO UNA FELICIDAD INMENSA DE VER A TODO EL PUEBLO ARGENTINO DISFRUTANDO Y FESTEJANDO LO QUE FUE OTRO ÉXITO DE TODOS. ¡¡GRACIAS!!

Por último —tal vez el más importante—, su agradecimiento es a Dios. Cuando el periodista argentino Sebastián Vignolo en el programa de televisión *Pasión por el Fútbol* le preguntó cómo hacía para tener la pelota como pegada al pie, Messi respondió: "Ya era así desde chiquito. No hice nada. Fue Dios quien me hizo jugar así, quien me dio ese don, no tengo duda de eso. Él me eligió a mí. Obviamente yo después hice todo lo posible para intentar superarme y poder triunfar. Pero, obviamente, sin la ayuda de Él, no hubiese llegado a ningún lado".

Y con respecto al Mundial en Qatar, claramente le agradece a Dios su triunfo: "Siempre pienso que Dios es el que decide, Dios sabe cuándo es el momento y lo que tiene que pasar. Y siempre soy un agradecido de todo lo que me pasó tanto en lo futbolístico como en mi vida. Lo que tenga que venir, va a venir... y creo que Él es el que decide. Siempre le agradezco a Dios. Sabía que me iba a regalar un Mundial".

ANOCHE SOÑÉ CON MESSI

¡MIS PAPÁS ME DICEN QUE SIEMPRE ESTOY INCONFORME! QUE ME CANSO RÁPIDO DE TODO, QUE ME ABURRO FÁCIL, QUE SI HAY UN VIDEOJUEGO NUEVO NO PUEDO ESPERAR PARA TENERLO, PERO DESPUÉS YA ESTOY PENSANDO EN EL PRÓXIMO QUE VA A APARECER.

ENTIENDO LO QUE TE PASA. HOY QUE TODO EL TIEMPO SALEN COSAS NUEVAS, ES BASTANTE COMÚN QUE NOS ABURRAMOS RÁPIDO. ES COMO QUE TENEMOS UNA ANSIEDAD POR LO NUEVO, QUE NO NOS PERMITE VALORAR NI APROVECHAR LO QUE SÍ TENEMOS. ¿SABÉS QUÉ HAGO PARA EVITAR ESTO? TODOS LOS DÍAS ME DETENGO UN RATITO PARA DAR GRACIAS POR TODO LO QUE TENGO, POR MI FAMILIA, POR MIS AMIGOS, ¡POR LAS COSAS QUE VOY LOGRANDO! ASÍ, EN LUGAR DE SENTIR ANSIEDAD O ABURRIMIENTO, SIENTO EL AGRADECIMIENTO QUE ME PERMITE DISFRUTAR MUCHO MÁS DE TODO LO QUE ME RODEA.

¡MESSIRVE!

ANÁLISIS POST PARTIDO. ¡PENSEMOS JUNTOS!

¿Por qué es tan común que las cosas nos cansen o nos aburran rápido?

¡Porque vivimos en un tiempo donde todo sucede muy rápido! ¡La tecnología hace que todo avance de prisa! Y de pronto, nosotros también nos vemos envueltos en ese apuro que no nos permite disfrutar a fondo de nada. Es como correr una carrera y nunca llegar a la meta.

¿Y cuál sería la manera de evitar eso?

Hacer lo que hace Messi. Practicar el agradecimiento, que es dar gracias por todo: por las personas que nos acompañan, por los momentos lindos que podemos vivir, por los gestos de cariño que otros tienen con nosotros, por nuestros padres, nuestros amigos, nuestros maestros. Es también dar gracias por las cosas de las que podemos disfrutar todos los días: el cole al que vamos a aprender, la comida que nos preparan, la casa donde vivimos, la ropa que usamos, los objetos que nos rodean... Es no dar por sentado a nadie ni a nada de lo que tenemos.

¡MANOS A LA OBRA!

Para hacer esta actividad vas a necesitar:
- 1 frasco de vidrio o de plástico
- 1 bloc de notas pequeño o papelitos de colores
- 1 lapicera
- 1 etiqueta para rotular el "Frasco de la gratitud"

➡️ La idea es que todos los días escribas en una nota o un papelito algo bueno que te pasó ese día. Algo por lo que puedas dar gracias. Sugerimos elegir un momento del día para hacerlo, así no se te olvidará.

➡️ Repetirlo todos los días.

➡️ Al cabo de una semana, deberás tener al menos 7 notitas de gratitud.

ESTA SEMANA APRENDÍ....

➡️ Elegir un momento del fin de semana, como el domingo, para abrir el frasco y leer las notas en familia.

➡️ Es ideal que todos los miembros de la familia tengan su frasco de la Gratitud.

EL REGISTRO DE LAS COSAS BUENAS DEL AÑO

Puedes guardar las notitas leídas en otro lugar, como una caja, un cuaderno o un álbum donde las puedas ir pegando. Y así tener el "Registro de las cosas buenas" que te pasaron en el año, para poder compartirlo en algún momento especial como tu cumpleaños, fin de año o Navidad.

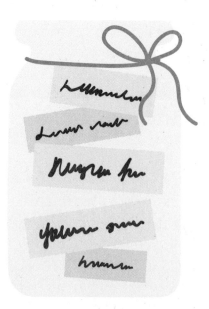

10 CONSEJOS DE ORO
PARA FOMENTAR EL AGRADECIMIENTO

1 Que los chicos vean que nosotros somos agradecidos: que damos las gracias a las personas que trabajan con nosotros, que damos las gracias a quien nos atiende en un restaurante, que damos las gracias a nuestros amigos y también, por supuesto, que damos las gracias en la familia.

2 Jugar el "Desafío de Gratitud de 21 días", que es lo que se tarda en construir un hábito nuevo. Se trata de que, durante esos días, todos los días sin excepción, cada miembro de la familia comparta algo por lo que puede expresar gratitud ese día. Sugerimos elegir un momento donde estén todos juntos, por ejemplo durante la cena.

3 Una manera de agradecer por todo lo que tenemos es ayudar a alguien menos favorecido. Elegir a quién vamos a apoyar o ayudar. Puede ser de forma individual o en familia.

4 Expresar nuestra gratitud haciendo tarjetas de agradecimiento entre los miembros de la familia, o extenderlo a los amigos.

5 Armar una lista de motivos de gratitud y ponerla en la heladera, para que esté a la vista de todos. ¡Renovarla cada tanto!

6 Enseñarles a los chicos a expresar la gratitud a través de cosas concretas, por ejemplo con palabras: mandar un mensaje de gratitud por nota de voz o escrito por WhatsApp —según la edad de los chicos—, o a través de una manualidad, confeccionando carteles u objetos de arcilla moldeables para entregar como muestra de agradecimiento a diferentes personas.

7 Compartir cuentos, historias y canciones que tengan como eje central la gratitud.

8 Mirar videos o películas donde se trate el tema. Por ejemplo, en la película *Coco* de Disney se ve que podemos dar gracias por la familia y por nuestros antepasados también.

9 Al empezar el nuevo día, dar gracias por las posibilidades que ese nuevo día trae.

10 Dar gracias al acostarnos: es un momento especial donde los chicos están receptivos y junto a ellos podemos para dar gracias a Dios por las cosas buenas que pasaron ese día, y por todas las cosas buenas de nuestra vida.

¿SABÍAS QUÉ?

Los chicos que desarrollan el valor la gratitud suelen ser menos ansiosos y más felices. Cuanto más comprenden y practican la gratitud, mejor manejo tendrán de todas sus emociones. Esta práctica contribuye a moldear el cerebro de los chicos para desarrollar el optimismo; como resultado de enfocarse a diario en lo positivo, se generan y refuerzan caminos neuronales que los ayudan a ver lo bueno.

CARTA PARA TODOS LOS CHICOS DEL MUNDO QUE LEAN ESTE LIBRO

Queremos felicitarlos por haber llegado hasta aquí. Este libro es una guía para vivir mejor y cada una de las 10 lecciones contiene un valor, inspirado por el ejemplo de Leo Messi, que puede servirles para superar obstáculos y resolver problemas. Además, encontrarán herramientas prácticas para poner en acción esos valores en la vida diaria. Los valores son la base de lo que nos hace mejores personas, nos ayudan a ser amables, respetuosos, justos y agradecidos con los demás, y hacer del mundo un lugar mejor. Cada uno de ustedes tiene un tesoro lleno de valores en su interior, y a medida que los practiquen verán cuánto más fácil y divertida puede ser la vida.

Creer en uno mismo es la clave para aprovechar al máximo estos valores y enfrentar los desafíos de la vida. Los animamos a usar los valores aprendidos en este libro para alcanzar sus sueños y metas. Como Messi, sean perseverantes, trabajen duro y siempre mantengan una actitud positiva.

Recuerden que no están solos. Tienen a su familia, sus amigos y la comunidad para apoyarlos en cada paso del camino. Y, por supuesto, siempre podrán volver a este libro para encontrar inspiración y motivación.

Cada vez que usan estos valores están haciendo del mundo un lugar mejor. Así que, queridos niños del mundo, los invitamos a unirse a nosotras ¡y a Messi! en esta aventura.

LOS 10 PARTIDOS PARA GANAR

1 · LA PERSEVERANCIA

¿Para qué *messirve*?

Para cuando quieras hacer algo que no te sale y te canses de intentarlo.
¡Para que tengas la fuerza hasta lograrlo!

2 · LA DISCIPLINA

¿Para qué *messirve*?

Para cuando tienes que alcanzar un objetivo importante pero debes hacer
algo que no te gusta. ¡Para que tengas la garra y las ganas de hacerlo!

3· LA CONFIANZA EN UNO MISMO

¿Para qué *messirve*?

Entre otras cosas, para cuando los demás se ríen o te hacen burla.
¡Para que sigas pensando cosas buenas de ti mismo!

4 · LA HUMILDAD

¿Para qué *messirve*?

Para cuando te ataca el bichito de querer ser perfecto o mejor
que todos los demás. ¡Para aprender a ganar en equipo!

5 · LA EMPATÍA

¿Para qué *messirve*?

Para cuando te cueste hacer el esfuerzo de acercarte a otros chicos,
especialmente los que están aislados. ¡Para aprender a ponerte en
el lugar de los demás y poder ayudarlos!

6 · LA AMISTAD

¿Para qué *messirve*?

Para cuando creas que tienes pocos amigos o amigas.
¡Para que descubras que no importa la cantidad que tengas,
sino cuánto te quieren y te apoyan!

EL TORNEO DE LA VIDA

7 · EL LIDERAZGO

¿Para qué *messirve*?

Para cuando tienes ganas de "mandonear" a los demás y quieres
que todos sigan tus órdenes. ¡Para que aprendas a liderar con
el ejemplo más que con las órdenes!

8 · LA EXCELENCIA

¿Para qué *messirve*?

Para cuando te amargas si algo no te sale "perfecto".
Para que cuando algo no te salió como esperabas, te preguntes
¿cómo lo hago mejor la próxima vez?

9 · LA FAMILIA

¿Para qué *messirve*?

Para cuando quieras comprarte todo lo que te guste o todo lo que se
te antoje, y creas que la felicidad está en tener mucho dinero.
¡Para descubrir que la verdadera riqueza está en los valores
aprendidos en familia!

10 · EL AGRADECIMIENTO

¿Para qué *messirve*?

Para cuando te canses o te aburras rápido de las cosas.
¡Para que aprendas a valorar, disfrutar y aprovechar más de todo
lo que te rodea, y te sientas más feliz!

¡Les deseamos lo mejor en su viaje hacia una vida más plena
y feliz! No olviden que ustedes son muy valiosos y que tienen
el potencial de lograr grandes cosas. ¡Usen sus valores para hacer
una diferencia en el mundo!

¡Recuerden siempre que ustedes son muy valiosos!

CARTA PARA TODOS LOS PADRES DEL MUNDO QUE LEAN ESTE LIBRO

El propósito de este libro es inculcarles a los chicos grandes valores de forma muy práctica. Nos inspiramos en Leo Messi porque nos parece un referente muy importante que reúne los mejores ejemplos para enseñar estos valores.

Hoy todos los chicos del mundo quieren usar la camiseta de Messi. Nosotras queremos que no sólo usen la camiseta, sino los valores que él usó y usa para superar obstáculos y enfrentar los desafíos que le presenta la vida.

Nuestros chicos son el futuro del mundo, y si queremos un futuro mejor debemos comenzar por fomentar la perseverancia, la empatía, la excelencia, la confianza en uno mismo y el agradecimiento hacia los demás, entre otros valores. No basta con enseñarles habilidades técnicas y académicas en el colegio; es vital que nosotros les enseñemos valores que les permitan ser personas confiables y que sobre todo aprendan a confiar en sí mismos para entrenar sus emociones y tomar las mejores decisiones.

Cuando fomentamos valores en los chicos, les estamos brindando las herramientas necesarias para que se conviertan en adultos responsables, sensibles y comprometidos con su familia, con sus amigos, con su entorno.

Les estamos enseñando a valorar las diferencias y a convivir con otros de manera pacífica y respetuosa.

Les estamos mostrando que el camino hacia el éxito no es la competencia desmedida, sino la colaboración y el trabajo en equipo.

Por eso, los invitamos a leer este libro junto a sus hijos. A que realicen las actividades propuestas para que esos valores cobren vida. Acompáñenlos en su camino y demuéstrenles con sus acciones que ustedes también creen en estos valores.

Juntos podemos crear un futuro mejor, basado en valores sólidos para que nuestros hijos sean más fuertes y más humanos.

¡Formemos en valores y construyamos juntos —y con el ejemplo de Leo Messi— un mundo mejor!

¡Gracias por participar de esta aventura!

VERO Y FLOR

189

¡SU SUEÑO ERA GANAR EL MUNDIAL Y LO CONSIGUIÓ!

18 DE DICIEMBRE 2022

MESSIRVE

lo escribieron para los chicos y este libro
lo escribieron para los padres.
¡Es de lectura imprescindible!

Verónica y Florencia son expertas en educación y
Coaching, ampliamente reconocidas por su best
seller *Confianza total para tus hijos*, el cual ha sido
aclamado como "la biblia para padres" que buscan
soluciones para los desafíos más apremiantes en
la crianza y educación de sus hijos. Además de su
trabajo literario, ofrecen una plataforma con cursos
en línea para personas de todas partes del mundo
en busca de apoyo y orientación.

Para más información entrar en
www.confianzatotal.net